任性出版

# 搶賺趨勢的紅利

趨勢不是未來，而是
「有人已身處其中，**你還覺得匪夷所思**」。
掌握四種趨勢紅利，**對手還沒領悟你已搶先**

前微軟戰略合作總監、富比士雜誌中文網專欄作家
潤米諮詢董事長、互聯網轉型專家
劉潤——著
葉光森——整理

CONTENTS

第三章

## 創新紅利——流程、使用者體驗、基礎技術、工程技術

推薦序一

# 從未來思考現在

世紀奧美公關副總經理／張裕昌

身為一個顧問，面對客戶時，我常被詢問企業當下面臨的問題，尤其是臺灣本地的企業。

如同本書作者分析，許多臺灣的企業都屬於「產品型公司」，著重於產品製作（甚至不是研發），認為市場會欣賞自己的努力，自有一套面對市場的遊戲規則，但這套遊戲規則通常對市場的瞬息萬變視而不見。

然而，當企業終於發現眼前的問題時，他們思考的，卻是最淺層的問題點，例如如何把自己包裝得更有賣相等。但問題的核心呢？卻依然被遺棄在深宅大院中，依舊不見天日。

當我看著這些企業的產品、服務、組織架構，或行銷思維上最根本的問題沒有被解決、沒有被想到要解決，或甚至被認為不需要解決時，只能付之一嘆。

於是我一直思考，到底是為什麼，臺灣的企業會用這樣「輕鬆自在」的心態面對市場？是因為我們的市場真的太小，所以讓企業經營者覺得只要使出三分力就夠了？

最近我的許多年輕同事紛紛西進，去他們認為更大的市場，找尋未來的機會。但留在臺灣的我，卻意外又驚喜的發現這本書，匯聚許多對岸企業的觀點。

從他們成功與失敗的經驗中，我看到原來眾人覺得機會無邊無際的市場，其實拚鬥得更加凶狠，而在這些牽一髮動全身的過程中，一個正確的判斷或錯誤的意外，也影響著整個市場未來的走向。

我才發現，在臺灣的企業經營者，是從過去的角度思考現在。有些人過去曾有過巨大的成功，有些人認為消費者容易被馴服，因此他們只想在當下快速獲利，認為荷包賺飽後，再想其他的事也不急。偏偏錢已入手就不再多想，是人的惰性使然，會覺得那不是別人的功課嗎？

本書作者劉潤所謂的四大趨勢紅利，其實就是因應市場不斷的變化。企業如果可以走在市場的最前端，無論是深思熟慮後的放手一搏，或邊走邊看的勇敢下注，就能贏得因為領先其他同業，而獲得消費者認可的結果。

書中不斷提到正面或反面案例，其實是要告訴讀者一件事——**如果我們不能從未來思考現在，那就注定只能停留在此刻，等著被所有人無情的超越**。

但這本書真正精彩的地方，是當你在閱讀的同時，也開始思考這些案例的未來可以怎麼演變、將會怎麼演變。因為只有同時思考這些問題，你才有機會跟著作者的腳步，搶賺未來趨勢的紅利；而並非只是閱讀一個個案例，單純的「引經據典」而已。

（按：本文作者為世紀奧美公關副總經理、專欄作家，熱愛電影、閱讀、旅行，常透過文字對職場、趨勢等分享新與觀點。）

推薦序二
# 經濟將會不景氣，企業要找新紅利

晨興資本董事總經理／劉芹

之前我去矽谷考察，跟史丹佛大學的學生也有交流，分享了我的一些觀察。現在的創業、創新不是受某一事件影響，它受到很多變化影響。

首先，全世界處在一個比較動盪的階段。現在**全球經濟不平衡**成為很大的問題，造成地緣政治不穩定、供需矛盾明顯，進而影響油價、大宗商品、金融市場。我覺得從外部的宏觀性上來看，未來幾年都是比較動盪的時期。

第二，我覺得移動互聯網（Mobile Internet）科技創新的第一波高潮已經過去，新的科技創新還在慢慢孕育中，因此，之後將處在科技創新週期的平臺孕育期。未來數年，科技創新的高峰可能不會像二〇一四年和二〇一五年那麼明顯，**全球化的結構性成長的動力正在消失**，要尋找新的動力。

全世界指望中國能成為全球成長的內生動力，但中國的經濟處在全球化的體系中，也會受到上面兩大因素影響。中國需要調整自身成長動力，因此習近平在二〇一五年，才會提出「供給側改革」（按：旨在提高供給端品質，以改革推進產業結構調整）。

總之，我認為未來幾年的經濟、創新和創業，要從這樣的大背景下觀察，宏觀方面的不確定性，跟科技創新的平臺期剛好重疊，所以不會呈現出二〇一四年和二〇一五年，看起來非常繁榮的狀態。

那企業該如何抓住新商機？

現在的創業存在激烈的同質化競爭，今後如果企業想要找到新的競爭優勢，必須更加注重**尋找差異化的競爭策略**，而技術或其他創新壁壘，就會變得越來越重要。這就是為什麼大數據、人工智慧等科技含量較高的東西，開始得到大家的認同和追捧，而殘酷的同質化競爭模式，在未來一段時間內，可能進入一個相對不那麼被追捧的階段，**靠技術建立有競爭力的公司**，未來可能會得到更多關注。

作者劉潤在書中，將技術突破歸納為產品創新紅利的一部分。這本書的讀者，也許是互聯網相關人士，也許從事零售業、製造業，因此會有部分讀者認為，轉型的關鍵點不在於技術創新。的確，每個行業都有每個行業的機會和挑戰，因此劉潤才在書中提出四大趨勢紅利，來滿足不同讀者的實際需求。

我認為企業轉型最終要回歸本質：**如果你的消費者發生變化，你就必須跟著他變**。消費者的行為模式，已經全面互聯網化。以前的消費者都看電視，現在他們在手機上獲取資訊、消磨時間。消費者的行為改變，相對應的行銷模式也得改變。做任何生意，如果不懂社交，就不知道怎麼與消費者溝通。

現在消費者越來越年輕，一九八〇年代、一九九〇年代出生約有三、四億的人口，在未來，二〇〇〇年代出生的消費者也要進場，他們獲得資訊的方式全在網路上。如果要做生意，就無法迴避這個變化。所以要學會理解：現在消費者怎麼獲得、傳播內容，消費行為之間怎麼相互影響。

做行銷不就是要解決這些問題嗎？傳遞訊息給消費者，想辦法**讓他們對企業的訊息產生反應，甚至讓他們幫忙把訊息傳播開來**。今天做生意的人再不懂這點，那確實是自己的問題。

在互聯網時代的大背景下，市場行銷是商業變革的第一個作用點，因為市場行銷是以客戶為導向，所以要從和客戶的溝通模式開始改變。如果沒有獲得行銷上的便利（本書稱之為「社交紅利」），就有問題。

企業要判斷清楚，互聯網跟自己的業務是顛覆還是共生的關係。以更長遠的角度來看，就是核心價值能不能長期存在。只要能長期存在就不用慌，有機會跟互聯網形成共生的關係，並在共生的生態裡找到自己的新位置，借助互聯網的力量，找到跟消費者打交道的新方法。

例如，互聯網沒有改變客戶對咖啡的喜愛，那企業就不用怕。星巴克（Starbucks）在中國的生意還不錯，該企業不停利用互聯網做行銷升級，並提供免費的 Wi-Fi，生意甚至受益於互聯網。

再以羅振宇為例，他以前玩文化內容，現在還是玩文化內容，但他現在學會在互聯網上生存，跟微信平臺形成共生關係，和用戶互動熱絡。

再以教育產業為例，教育歸根究柢，還是要滿足學生對優質教學內容的需求，以及師資的服務。不論是不是互聯網教育公司，優質的內容和服務都是最核心的部分。但如果在把核心做好的同時，又能利用互聯網，讓使用者獲得更好的便利性（本書將使用者中心型創新，歸納為創新紅利的一部分），那麼企業就很可能大獲成功。我覺得這個邏輯，對任何行業的轉型都一樣重要。

面對互聯網化的巨大衝擊，企業最終會從恐慌過渡到學會面對。在轉型過程中，企業要從消費者行為模式的變化開始研究，從行銷模式的變革開始入手，慢慢學習，逐步調整企業的生產、銷售、產業鏈組織等業務流程。劉潤在本書中，對傳統企業轉型的實操方法做了系統性的分析，可供大家參考。

（按：本文作者為晨興資本董事總經理。晨興資本的成功投資案例包括小米、YY語音、UCWeb、迅雷、攜程、搜狐等。）

自序

# 盡全力，成果卻差強人意——因為有效知識不足

知識就是力量，而近幾年企業面對轉型難題，普遍有無能為力之感。二〇一五年，我有幸作為主講者之一，參與三場由吳曉波頻道主辦的「傳統企業轉型千人大課」，親眼見證企業家對轉型知識的熱切渴望，反映當前有效知識不足，讓企業集體陷入困境。

例如，大家對「互聯網+」缺乏一個基本共識，互聯網信仰者喜歡把互聯網向外擴大化，像是３Ｄ列印、人工智慧、工業化四．〇；批評者喜歡縮小化，覺得不就是聊天、玩遊戲，你用互聯網做頓飯、做個空調試試。

其實，現今企業面臨的變化遠不單來自於互聯網，還有人口結構、產業結構、貧富差距等。與其說問題是「互聯網化」，不如說是面對變革更大的「進化」。把要素（互聯網）的變化，放到系統（經濟、產業、企業）中，才能推導出新邏輯、新方法。

互聯網解決「資訊不對稱」的問題。在資訊對稱，甚至資訊有如泰山壓頂般而來的時代，由於跟不上從資訊中產生知識的速度，我們反而正在經歷「資訊爆炸但知識不足」的窘境。怎麼辦？用系統理論去觀察實踐、參與實踐、提煉出知識，再指導實踐才是不

二法門。

近年來，我努力為企業的「進化」，提供有效知識。其中一個原因是為了探索理論，正如心理學家庫爾特．勒溫（Kurt Lewin）所說：「沒有什麼比一個好的理論更實際。」理論探索無疑是艱難的，除了大量閱讀優秀著作和文章，每當我想不通時，就遠離問題，在大自然中尋找萬物的答案。

如果說，二〇一四年我追隨好友曲向東（「玄奘之路」戈壁挑戰賽、極之美極地旅行機構創辦人），去加拉巴哥群島探尋生物進化的邏輯，是源自對這個世界的好奇和心血來潮。那麼，二〇一六年我帶領一群企業家穿越半個地球，再次來到赤道上這個神祕群島，就是一場蓄謀已久的計畫。

近兩百年前（一八三五年），二十六歲的達爾文隨著小獵犬號，來到南美洲接近赤道的加拉巴哥群島。

他作為一位博物學家，在這裡逗留五週，登上十三個小島中的四個，採集很多生物標本。藉由在島上的研究以及其他生物學家的幫助，讓他思索：為什麼同一種雀，在不同的島上喙部長得不同？一八五九年，達爾文提出舉世聞名的「進化論」。加拉巴哥群島因此被稱為進化島；這種雀被稱為達爾文雀。

而我的這場蓄謀計畫，就是從生物進化的邏輯中，體悟商業進化的線索。我的收穫是，從生物「物競－天擇」的進化邏輯中，領悟到企業「創新－選擇」的進化邏輯。

企業所處的環境正在發生系統性巨變，企業要想成功應變，就要提升創新力。因為企業可以透過創新力獲得新能力，相當於生命體產生基因突變的能力，有這種突變能力才有適應環境變化的可能性。

同時，正如基因突變，創新是無序、中立的。比創新更重要的，是企業對創新的選擇——道法自然，正如擁有哪種基因的物種能夠生存下來，不是源於基因突變的「物競」，而是源於自然環境的「天擇」。

那企業選擇創新的標準是什麼？選擇標準同樣基於環境的變化，我列出了四大標準：**流量紅利、社交紅利、創新紅利和全腦紅利，分別對應通路、行銷、產品和組織領域的創新**。

所有的紅利到最後都是趨勢紅利。趨勢一旦發生變化，早點抓準紅利的人，就會快速獲得巨大的收益，等趨勢被消費掉了，這個紅利就會消失。沒有抓住趨勢紅利，是很多企業沒有轉型成功的重要原因。

實踐是檢驗真理的唯一標準，提煉這四大趨勢紅利不僅源於理論，還源於對企業轉型的觀察、調查研究和思考，這是我致力提供有效知識的另一個原因——努力提煉，昇華企業的最新成功實踐。

有人說：「經歷是最好的老師。」這話沒錯，經歷能帶來最深刻的體驗。但人能從這位好老師身上學到的很少，因為一生能經歷的很有限。所以更重要的，是要從「別人的經歷」裡學習。別人的經歷在哪裡？在五千年的歷史裡、在思想家的智慧裡、在實踐家的感悟裡。

近年，我積極的從別人的經歷裡學習，深度研究、訪談芬尼克茲（PHNIX）、紅領集團、名創優品（MINISO）、必要商城、找鋼網、蟲媽鄰里團、凱叔講故事、小米科技、華為集團、有贊商城、微播易等，在移動互聯網時代大放光彩的公司。

其中有B2B（Business to Business，企業間透過電商交易）、C2C（Consumer to Consumer，個人對個人的交易）企業；有線上，也有線下，全面涉及了組織、產品、通路、行銷等領域的變革。這些案例，是啟發思考新時代經營本質的窗口。針對這些企業，我一一撰寫深度分析的長篇文章。

同時我也作為海爾、百度、中遠國際、晨興資本、拍拍貸等機構的戰略顧問，為眾多企業出謀獻策；另外，在為華潤集團、招商銀行、廣藥集團、雲南白藥等，五十多家企業的高階主管進行戰略轉型培訓時，我也跟學員們學到了很多。研究這些「別人的經歷」，是我提煉四大趨勢紅利的重要基礎。

我非常認同前招商銀行行長馬蔚華的觀點：「不知未來者，無以評當下；不知世界者，無以知中國；不知宏觀者，無以理微觀。」我在書中提出四大紅利時，盡量結合未來趨勢與當下策略、世界潮流與中國實際走向、宏觀原理與微觀操作，以便更加幫助企業轉型。

以通路為例，所謂尋找流量紅利，就是尋找有超高性價比的流量。電商之所以能迅速影響或幹掉線下通路，是因為**電商讓很多人能買到原先不知道在哪能買到的東西，價格也便宜**。

此外，淘寶、天貓和京東也投資在宣傳上，因此吸引大量的流量。以前網路平臺上的商家還不是很多，大量的流量分給這些商家，獲客成本比較低。因此，電商有一段巨大的流量紅利期。

如果你現在在網路新開一家店，會發現已經沒有流量紅利，因為**網路商店太多，透過用戶搜索自然分到的免費流量，已經不足以支撐商家**，大趨勢的紅利基本上消失了。

而大趨勢紅利的消失，跟線下的房東看到店面經營得好，就漲租金的邏輯一樣，淘寶有個玩競價排名的「淘寶直通車」（按：同一個關鍵字，出價高的廠商會出現在搜尋結果醒目的位置，依實際被點擊次數付費），其實就是用更有效率的手段，來抹掉網路商店的流量紅利。現在還算受歡迎的電商，其實已經「淪為」傳統零售。

做零售的邏輯，是不斷尋找新的流量紅利在哪裡，例如會員、口碑直銷、自媒體、社群，直到紅利再被抹平，永不停止……。

再以行銷為例，每個企業都想獲得社群網站「一傳十，十傳百」的社交紅利，這就必須深刻理解分期付款的運作。這是指幾乎沒有人可以用一個關注點，一次得到用戶的「全額付款」——一看到你的文章，就決定花兩分鐘來看。

讀者通常會選擇「分期付款」：我先投資〇．五秒，你給我一個吸引人的標題；如果有價值，我再花兩秒鐘看第一段；若內容確實不錯，我再花十秒鐘瀏覽（小標題、加粗或標紅的句子等）；如果真的很好，我再投入一百秒，從頭到尾仔細看看。

上述的數字代表的是大概的秒數，但分期付款是基本運作模式，上面每一個階段，都是一場必須打好的戰役。

企業想享受社交紅利，尤其要注意短片的快速崛起。自稱「集才華與美貌於一身」的網紅（網路紅人）「PAPI醬」，靠著四十多部搞笑短片，不到半年就吸粉將近兩千萬人（微博五百多萬人、微信一千四百多萬人），PAPI醬因何而紅？她擅長捕捉時事和吐槽，熱愛嘲諷與自黑，總之，她迎合人性。更重要的原因，是她避開圖文這類競爭激烈的領域，善用新崛起的「短片」。

二〇一五年，五〇%的流量消耗在網路影片上，估值十億美元的「秒拍」預測，二〇二〇年**將有八〇%的流量消耗在網路影片上**，這個趨勢值得企業行銷高度重視。

至於解決產品和組織問題的創新紅利和全腦紅利，就更是傳統企業轉型的治本之策，書中有詳細論述。

有一次朋友開車載我，說：「你看，戰略就像選車道，選錯了道，就算你開寶馬（BMW），也只能眼睜睜被吉利超過。」說得真好。我回答：「所以你要有全局觀，升到半空，看清楚前面路況，再回到車裡選對車道，這樣就算被大車擋路，你也知道開到後面會快起來，不必焦慮。」戰略就是選車道，這比開什麼車、誰來開更重要。

希望在企業制定組織、產品、通路、行銷戰略的過程中，這本書能發揮類似導航的作用，成為幫助廣大企業進化的「有效知識」。隨著市場環境和企業的變化，「有效知識」本身也會持續進化，因此也歡迎大家關注我的微信公眾號（按：類似官方帳號，為個人、企業和組織，提供商業服務與管理的平臺）「劉潤」（runliu-pub），我會持續和大家分享，對企業轉型的最新思考。

## 總論

# 企業進化三部曲

# 01 看清企業該朝哪個方向進化

二〇一三年以來，隨著中國製造的中低階智慧手機快速普及，移動互聯網——騰訊創辦人馬化騰稱之為「真正的互聯網」——對實體經濟造成明顯的衝擊。傳統企業互聯網化，成為上至政府、下至創業者的重大話題，中國國務院推進「互聯網+」、浙江烏鎮舉辦「世界互聯網大會」也引起關注。

但持續數年的討論，仍沒有根據一個基本問題達成廣泛共識：互聯網對傳統企業造成什麼樣的影響？

有人說互聯網打擊傳統企業後，只剩下產品；有人說互聯網的影響，主要是縮減中間通路，提高傳遞價值的效率，降低零售的價格；也有人說互聯網帶來的最大好處，是可以藉此獲得爆炸式的傳播，讓企業不花一毛錢，就能獲得比廣告還好的推廣效果；還有人說，互聯網縮短人與人之間的距離，所以公司的組織結構必須做調整。

上述各種說法都有一定的道理，都能舉出相對應的成功案例，但這同時說明，這些說法並不全面。如果是全面的，它應該能解釋大部分的道理和案例，其背後的邏輯。

但我們發現，在互聯網帶來大變革的時代，很多案例背後成功的原因大相逕庭。因此，我們需要站在更加全面的角度，結合商業史來看互聯網，試著總結出一張全景圖，看懂這個時代的變化，並據此找到適合自己的定位和轉型方向，而不是盲人摸象般，摸索到個別案例的變化。

企業透過建立不偏不倚的自我認知，再看清互聯網帶來的全局變化，才能針對需求轉型升級。

## 看清傳統企業：三種典型公司

想要企業進化，首先要了解傳統商業的全景圖，才能建立正確的自我認知。**整個商業行為，可簡單分為創造價值和傳遞價值兩個階段**。

創造價值是一個累積位能的過程，企業基於組織創新能力把產品做出來，相當於把千鈞之石推上萬仞之山。這是非常艱苦的過程，目的是獲得巨大的位能。傳遞價值則是在山上，將千鈞之石一把推下去。在下降過程中，重力位能轉化為動能。

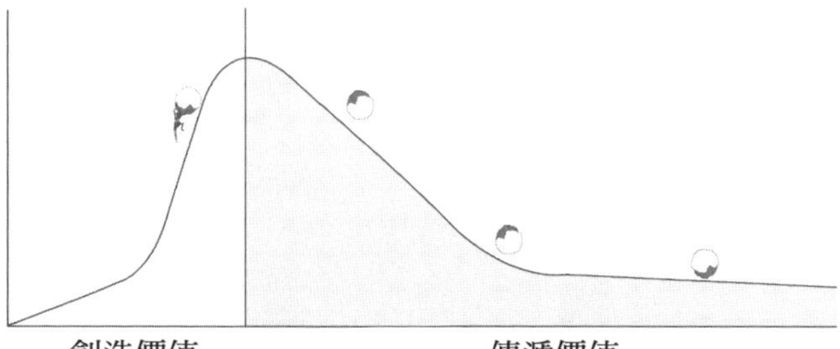


商業行為可簡單分為創造價值和傳遞價值兩個階段。

管理學大師彼得・杜拉克（Peter Drucker）對企業目的做了清晰的界定：「企業的唯一目的就是創造顧客。」如果你想把石頭推得更遠，就盡可能創造更多顧客，其中有兩個基本的方法：**第一個方法是在創造價值階段，把石頭盡量推得更高，獲得足夠的位能；第二個方法是在傳遞價值階段，讓阻力盡量變小，讓動能盡量變大。**

基於這個原理，現在的公司大概可分為三種，一種叫做產品型公司，致力於提高位能；還有行銷型公司和通路型公司，致力提升動能。

讓我對這三種公司，多做一些介紹。

## 產品型公司

產品型公司把最核心的資源都花在產品上，他們堅信，努力將產品做到極致是最重要的，甚至是唯一重要的，只要功能和品質好，一切都會順其自然。

可是隨後，有不少產品型的公司會發現，因為公司

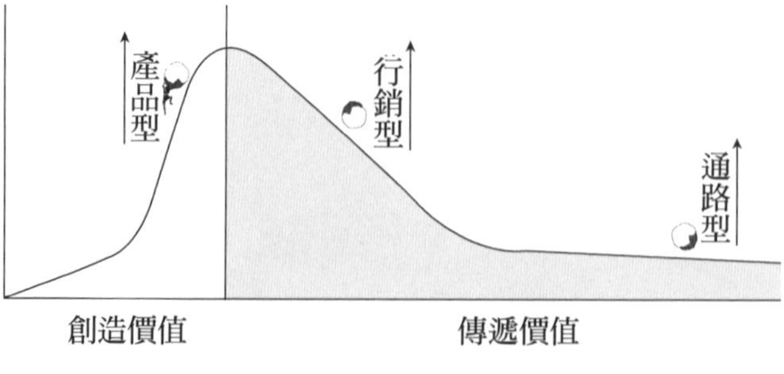


現在的公司大概可分為產品型、行銷型和通路型公司。

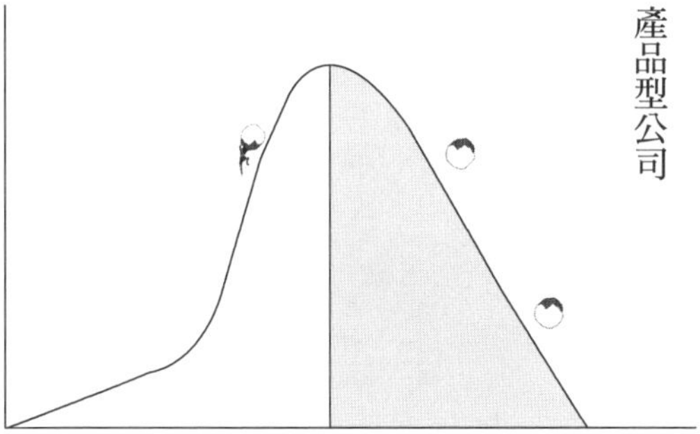


產品型公司的行銷和銷售通路的能力通常不佳。

的行銷和銷售通路的能力非常差，雖然產品很好（但大都只是自己認為非常好），一推出去，就遇到行銷、通路的巨大阻力，位能迅速下降，最終創造的目標顧客可能非常少，浪費一款非常好的產品。

例如，二〇一五年吳曉波的文章〈去日本買只馬桶蓋〉引發話題後，人們才知道那些為日本品牌代工、做智慧馬桶蓋的浙江企業，他們能做出世界一流的產品，但轉型做自己的品牌，面向中國國內消費者時，銷量往往少得可憐。

產品雖好，但要做好行銷、通路非常難。其實，很多互聯網公司把產品做出來後，發現自己的銷售團隊很糟糕，產品賣不出去的現象也比比皆是。所以不必一味羨慕互聯網公司，許多企業很快就倒閉了。

用產品把位能推得很高，但因為行銷、通路的低效，產品位能轉化為銷售動能時的表現很差，是這類公司的通病。

## 通路型公司

不少通路型公司，你可能都沒聽說過，但他們的產品到處都有在賣。例如，不少運動鞋企業，動不動就開出幾百、幾千家店；很多飲料公司致力建構深度分銷體系，這都是在通路環節不斷打透、打深。

通路型公司有非常強的銷售團隊，但這不代表產品就夠好，其實真正擁有好產品的公司很少。通路型公司透過銷售團隊鋪通路，藉由通路多，鋪貨就多的方式，提高「產品可得率」，在產品位能可能並不高，行銷環節消耗可能也不小的情況下，盡可能與消費者建立更多的接觸點，直接連接具體消費行為，影響消費決策。

這個模式雖然直接和消費者產生連結，但不太有效率，因為**投入巨大，每一次銷售的邊際成本很高。**

## 行銷型公司

還有一種公司，叫做行銷型公司。行銷型公司的產品不見得特別好，但媒體廣告做得很好，藉此獲得廣大的知名度。

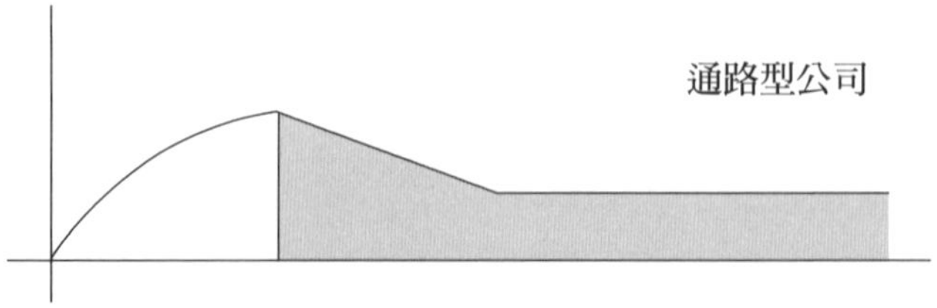


通路型公司雖然盡可能與消費者接觸，但銷售的邊際成本很高。

有很多理論，都是在行銷環節上的研究。

如果通路是為了獲得「產品可得率」，那麼行銷是為了獲得「隨機購買率」。消費者心中有很多對品牌的印象，各種行銷手段的目的，就是占據消費者心中在該商品類別中的地位，或乾脆新建一個類別，例如「怕上火，就喝加多寶（按：飲料生產及銷售企業加多寶集團的涼茶品牌）」，提高消費者對商品的隨機購買率。

行銷型公司的要務，是減少行銷環節的產品損耗位能，有時甚至行銷就是產品的一個部分，反而提升產品位能，覆蓋到更多的潛在消費者。

但是，如果行銷型公司的通路鋪貨做得很差，我們動心後要買卻買不到，會嚴重妨礙到創造顧客；或者產品其實非常普通，買了之後沒有想再購買或推薦給朋友的欲望，也會消耗品牌，最終出問題。

總之，產品型、通路型和行銷型公司在有顯著優點的同時，也都有顯著缺點。因此，產品、行銷和通路哪個環節最重要，我們不能一概而論。現今市場上，所有的「一概論」

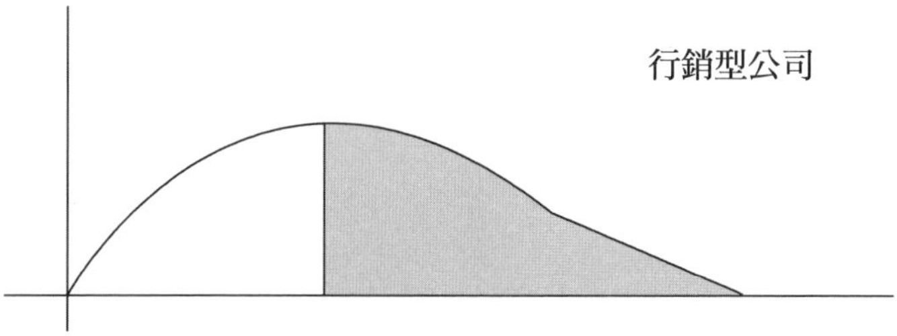


如果行銷型公司的產品不夠好，仍會消耗品牌。

可能都忽略很多重要的前提假設。

我們只能說不同企業在不同階段，某個環節是該企業當下最缺乏的。尤其在互聯網時代，**互聯網能怎麼幫你，首先要看你在哪件事上最需要幫助**。

## 互聯網能為傳統企業做什麼？

了解商業史上三種特徵鮮明的公司後，再來探討在互聯網時代，他們如何進化成符合時代的卓越企業。

企業要想獲得真正的成功，在產品、行銷、通路三要素的基礎上，**還必須引入另一個重要的元素，那就是組織**。

綜合上述幾點，我在此提出「企業成功能量圖」。這張能量圖中，我總結四個企業成功的能量來源：組織、產品、行銷和通路，而互聯網就像水和空氣一樣，滲透每一個要素。在最需要的環節，利用互聯網加大企業成功能量，是企業轉型的重要思考方式。

首先，在這張「企業成功能量圖」中，創造價值和傳遞價值是一前一後兩個基本階段。創造價值是位能累積的過程，傳遞價值是動能釋放的過程。

打個比方，如果以用後輪「推」著車輛前進的後輪驅動車為例，可以把產品型公司稱為後輪驅動公司，他們用產品「推」著公司前進；再以用前輪「牽」著車輛前進的前

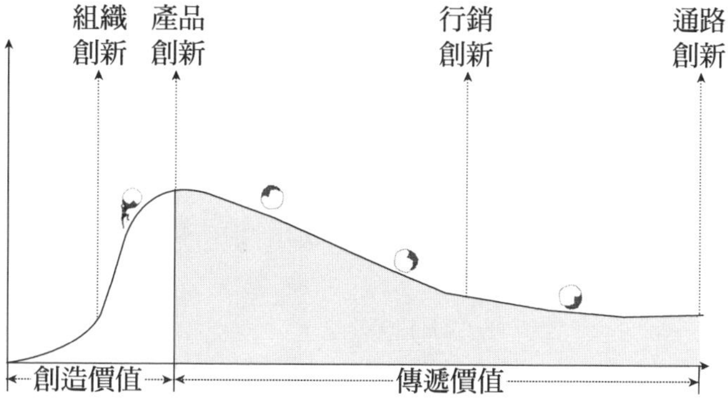


綜合上述幾點，得出的「企業成功能量圖」。

輪驅動車為例，可以把行銷型公司和通路型公司稱為前輪驅動公司，他們用行銷或通路「牽」著公司前進。

產品、行銷和通路都做得很好的公司，就像四輪驅動車，汽車前後輪都有動力，行駛性能最佳，最能適應複雜地形。對應到商場上，四輪驅動的公司最能適應複雜市場。而組織就像是汽車的「心臟」——引擎，其重要性不言而喻。

京東商城創辦人劉強東認為：「所有的失敗，最終都是人不行。」互聯網縮短了人與訊息、人與人之間的距離。如何借助互聯網，建構一個充分「推動個體」的組織形式（引擎），是企業創新的核心問題之一。

組織創新的目的，是把產品創新、行銷創新和通路創新的基本能量，提升到相當高的基準之上。舉例來說，平庸的公司盡全力在平地上，把千鈞之石向上推到四千公尺之處；優秀的組織一開始就站在四千公尺的半山腰上，然後他們不須太費力，就把千鈞之石向上推到六千公尺高的地方。

家電品牌海爾力推公司平臺化、女裝品牌韓都衣舍推小組制，都是從「引擎」的角度發展，提升組織的創新力，成為中國企業組織變革的典型案例。二〇一五年「雙十一」，**韓都衣舍天貓旗艦店流量超過一億三千萬人次，勇奪互聯網女裝銷售冠軍**。

其閃亮業績背後的功臣是兩百八十個產品小組，每個小組都像一個小公司，選款式、訂價格、搞促銷……都由小組自己來做這些重要決策。關鍵績效指標（key performance indicators，簡稱KPI）越出色，獎金就越多，充分激發每個小組成員的創造力。韓都衣舍每年開發三萬款產品，超過颯拉（ZARA），位居全球第一。

分析完企業的「引擎」，再來看「前後輪驅動」。大部分的經濟型車採用前輪驅動，贏在經濟實惠；大部分的高級轎車和賽車採用後輪驅動，原因是動力強勁，加速性能比前輪驅動車好。

一直以來，中國企業非常缺乏產品理念，研發、設計投入少，大都是通路型或行銷型公司（前輪驅動公司）。**互聯網豐富銷售通路，帶來低成本的社會化行銷手段，因此產品的地位大大提升**——這是動力強勁的後輪驅動公司大放光彩的時代。

說起產品創新，不少人多年來患了美、日、德、法等「列強」恐懼症，心理陰影面積很大，深深覺得這不是中國人的強項。

亞洲開發銀行發布的「二〇一五年亞洲經濟一體化」報告顯示，中國在亞洲高階科技產品出口中，市占率從二〇〇〇年的九・四%升至二〇一四年的四三・七%，位居亞洲第一，而韓國和日本加起來僅占一七・一%。中國人能搞定高鐵、核電、衛星和超級電腦等高科技，自然不會缺乏創造力。

行銷創新是為了獲得品牌、產品的知名度，企業要盡力減少行銷的摩擦力，讓動能曲線盡量平緩，甚至讓波段上升。保險套品牌杜蕾斯（Durex）在微博上形成爆炸式傳播，羅輯思維在微信上形成爆炸式傳播，他們在互聯網上，把口碑傳播發揮到新的極致。

行銷像空軍，通路像陸軍。過去產品銷售的狀況，跟企業的銷售人員、店面數量呈線性相關，通路成本很高；後來電商通路的布局成為關鍵，**但隨著成本上升，現今電商也已經成為傳統通路。開拓低成本通路的問題，再次擺在所有企業面前。**

在降低成本背後，通路創新很重要的目的是提高效率。企業可以充分運用互聯網，縮減傳遞價值的環節；或借助互聯網社交工具建立社群，反向訂製（按：根據消費者偏好，企業快速回應的商業模式）產品。總之，**縮短企業與消費者的距離、減少交易與物流的次數**，是提高通路效率的大方向。

產品定義了銷售等級，把路人變為目標客戶；行銷定義了銷售上限，把目標客戶變為潛在客戶；通路定義了銷售下限，把潛在客戶變為實際客戶。從目標客戶、潛在客戶到實際客戶，是把產品位能轉化為銷售動能的過程。

若企業有夠強的組織、夠好的產品、夠小的行銷和通路阻力，能充分創造顧客，這樣的公司可稱之為全能創新公司。例如蘋果（Apple），他的產品做到極致，行銷做得非常好，也鋪開線上和線下通路，這反映出史蒂夫．賈伯斯（Steven Jobs）時代的蘋果公司，其組織動力十分強勁。

那麼，傳統企業該如何運用全能創新思維？有人說我的產品做得很好，不須費多少力氣就賣出不少，為此沾沾自喜。但如果把通路和行銷做得更好，好產品可以賣得更多。所謂全能創新思維，是要看自己的整個系統裡今天缺的是哪一環，然後有針對性的借助「互聯網＋」威力，才能從優秀進化到卓越。

找到互聯網在組織、產品、行銷、通路這四大要素中帶來的紅利，以創新彌補自己的短處，發揮自己的最強項，是企業進化的大方向。

# 02 比創新更重要的，是對創新的選擇

企業運用全能創新思維，確定自身進化方向後，要解決一個問題，即如何在自身的短處上提升創新能力？有創新能力後，又要解決另一個問題，即企業如何在眾多的創新中做出正確的選擇，選擇那些真正對企業進化「有用的創新」？

想解決這兩個問題，首先需要理解「創新力」和「選擇力」的差別。

關於創新，有個人做了很有趣的實驗。他問一些企業的負責人，你們有多少人認為創新對企業的發展至關重要，如果以一到十分評分，你會打幾分？絕大部分的人打了非常高的分數，像是九或十分。

他再問第二個問題：你們認為自己的企業在創新上做得怎麼樣，請為自己打分數。大部分的人為自己的企業打的分數就非常低了，普遍不到五分。

這是非常有趣的現象，大部分的企業認為創新非常重要，但都認為自己做得不好。怎麼樣才能做得好？其實創新並不是只靠一、兩個核心人物腦力激盪，最重要的是形成組織創新的機制。我認為，企業應當效仿大自然的「物競－天擇」機制，建立「創新－選擇」機制。

「物競天擇，適者生存。」這句話大家都很熟悉。生物進化有兩個邏輯：一個邏輯叫「物競」，另一個邏輯叫「天擇」。

「物競」的核心機制，是物種的基因突變。生物細胞能在細胞分裂時，精確的複製自己，但在繁衍下一代時，都會產生突變和重組。

例如，人體基因一共有三十億對鹼基對，每一千五百萬到三千萬個鹼基對在繁衍後代時，會發生突變，因此人類基因每傳一代，就會累積一百到兩百個新的突變基因。

突變帶來人體特徵的多樣性：歐洲人的淺色皮膚源自一萬年前，一位祖先的基因突變；世界上個子最高的人，是居住在尼羅河上游的尼羅特人，成年男子平均身高達一百八十公尺；世界上最矮的俾格米人，八歲時就發育成熟，可以結婚。

不過，了解基因的機制就會知道，這種基因的突變是隨機、無序的。企業的創新好比物種的突變，也是無序、中立的。

只有中立的理解創新（突變），我們才能看到另一件事情的重要，這就是「天擇」。擁有哪種基因的物種能夠生存下來，不是源於基因突變的「物競」，而是源於自然環境的「天擇」。**「選擇」扮演了使無序的創新（突變）變得有序的角色**。

在自然界，「天擇」的基本邏輯就是「適者生存」，「天擇」分為兩種：一種是自然選擇，另一種是人工選擇。

自然選擇是最根本的選擇法則，例如最初每隻長頸鹿都能吃到樹葉，後來較矮的樹葉被各種動物吃完了，那些脖子比較長的長頸鹿，因能吃到高處的樹葉而活下來，牠們的後代子孫中，也是脖子越長的越容易存活，多年後，長頸鹿的脖子就都特別長。

又例如六十萬年前的冰河時期，一隻棕熊生下白色的幼熊，白熊更加適合在冰天雪地裡捕食而不被發現，牠的後代子孫就越來越多，發展成獨立的物種——北極熊。

自然選擇分別成就恐龍統治和人類統治的時代，恐龍以體力見長，人類以智力取勝。人類隨著生產力的不斷發展，開始更加干預自然選擇，我們稱之為「人工選擇」。

像是人類將一種不太怕人的狼，慢慢馴化成今天的狗，人類會更常餵養那些能打獵或討人歡心的狗，那些不懂得討好又沒用的狗就被遺棄或被殺，所以如果不是因為人工選擇，就不會存在今天這樣的狗。

還有農作物如果不是透過人工選擇，不會像現在產量這麼高。一開始所有的農作物都是產量不高的物種，人類藉由不斷的選擇，淘汰那些產量不高的、不好種的、容易傳染病蟲害的品種，留下那些好種的、繁殖得更快的品種。近三、四百年，地瓜、馬鈴薯、玉米和雜交水稻占據中國廣袤的農地，一些低產量的農作物就慢慢消失了。

「人工選擇」是人類為了讓自己有更好的生活，而主動參與自然選擇。人工選擇在自然進化中的巨大成功，讓我們了解與其「勤奮突變」，不如理解選擇邏輯。

生物的進化就是被自然或人工選擇的突變。對應到企業，「天擇」也有兩部分：一部分是外部的選擇（自然選擇），也就是「市場選擇」；另一部分是內部的選擇（人工選擇）。組織內的創新，往往以討好企業為手段而生存下來，所以企業設立適合外部生存和發展的「人工選擇」機制，就非常重要。

總之，在這一波商業創新浪潮中，企業要建立一套基於「創新－選擇」的邏輯營運體系，提高產生「有用的創新」的機會，獲得更大的轉型成功機會。

首先要具備「創新力」，企業可以透過創新力獲得新能力，也就是產生突變的能力，有這種突變能力才有適應環境變化的可能性。我會在組織變革部分，介紹提升創新（突變）能力的三大組織設計方法：延續性創新、平臺型創新、顛覆式創新。

其次是要具備「選擇力」，由於創新是無序的，方向可能不正確，因此企業不能把所有的創新都交由市場選擇，這樣成本實在太高。這時，企業就需要建設另外一種能力——「選擇力」，讓符合時代需求的創新能得到發展，讓不符合時代需求的創新，能快速的被證明無效。總之，提高「選擇力」有利於企業創造更多的價值，得到客戶的更多認可，在生存競爭中更能夠勝出。

# 03 選擇的標準是四大趨勢紅利

那麼該如何選擇？到底什麼樣的創新才是「有效的創新」？如果能用一句話來回答這個問題，我會說：「企業應當在眾多創新中，**選擇符合趨勢的創新**。」

時代的變化，會帶來很多基礎要素的變化，這導致很多我們熟知的商業邏輯不再成立。這不是因為這些邏輯錯了，而是因為讓這些邏輯成立的基礎要素改變了。時代變化就像早上晨曦剛照亮天際，你知道太陽就要升起了，這就是趨勢。抓住這個趨勢，**根據這個有序的趨勢，來選擇那些無序的創新，是「選擇力」中最重要的標準**。

在平穩時期獲得成功，你可能主要靠實力。可是想在時代變革期獲得成功，最重要的可能是靠對趨勢的把握，看你有沒有抓住趨勢帶來的紅利。

一切紅利，最終都是趨勢紅利。

基於前面提到的「企業成功能量圖」，我在四個要素環節，總結了四大趨勢紅利：流量紅利（通路）、社交紅利（行銷）、創新紅利（產品）、全腦紅利（組織）。我認為，選擇那些抓住這四個紅利的創新，是在這次大變革時代，獲得跨越式成功的關鍵。

第一個紅利，就是流量紅利。

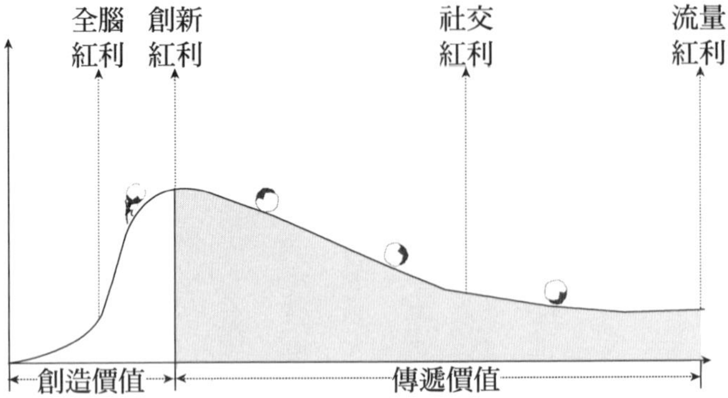


掌握四大趨勢紅利，是企業成功的關鍵。

電商之所以重大打擊傳統線下零售商，不是因為它更「先進」，而是因為流量遷移，導致電商處於紅利期。所謂的紅利，就是超優性價比。**早期的電商，流量大、商家少，所以紅利明顯**。

趨勢悄然襲來，那些早期入駐電商平臺的商家，都獲得不少收益。可是**等到大家都意識到電商的重要性時，紅利期必然逐漸消失**。電商獲客成本與線下趨同的那一天，就是被我們稱為「傳統」電商的那一天。

不迷信任何平臺，不斷尋找新的流量紅利，是「創新－選擇」邏輯的必然要求。

我們發現，**新的流量紅利可能出現在內容創業者**，例如迅速成長的微信公眾號（或LINE）上。但最大的流量紅利，來自於會員管理、重複購買。忠誠的會員，是終身免費的流量。

第二個紅利，就是社交紅利。

產品好到什麼程度叫好？在這個時代有個重要

標準，就是好到「**用戶忍不住在自己的社群網站上分享**」。這個標準之所以這麼重要，是因為超過這個標準的產品，可以享受移動互聯網時代最大的紅利之一——社交紅利，就是移動互聯網時代的口碑效應。

第三個紅利，就是創新紅利。

為什麼很多傳統巨頭在互聯網的世界慘烈犧牲？很多傳統產業都是「分散市場」，像是地產、金融、快速消費品等，資源不同、競爭方式不同、收穫不同，不過多少能分到一定的市占率。但互聯網平臺是「贏家通吃」，用資金換速度，用速度換規模，用規模換排名，用排名換資金的玩法，讓很多人無所適從。

二〇一五年在湖北互聯網金融論壇，大家聊到「C輪死」（按：指九〇%的B輪〔第二輪投資〕公司拿不到C輪〔第三輪投資，此時公司通常離上市不遠〕融資的困境）。我說，做產品（創造價值）就像賭大小，賭中的機率有一半，賭中也只賺一倍；做平臺（傳遞價值）就像直接押一個數字，賭中賺大錢，但九九%的機率會輸。

北京新東方集團創辦人俞敏洪說的話，還是很有可信度。他說互聯網如果為中國帶來什麼不好的影響，就是讓全中國的年輕人都想做平臺、都想跟風賺錢，越來越少人願意扎實的做好產品，甚至有很多從不修練內功的人，期望靠一本撿來的祕笈一飛衝天。互聯網是巨大的投資機會，但不是投機。

要享受產品創新紅利，首先要修正創業心態。

知名顧問公司麥肯錫（McKinsey & Company）把**各行業的創新分為四大原型：基礎技術創新、工程技術創新、使用者中心型創新和流程效率創新**。我將這些模型結合中國實際情況，談談自己對產品創新的觀點與建議。

在變革時代，要有對技術創新的情懷，更要有對流程效率的創新，最關鍵的是不偏不倚的自我認知，找到行業在這個時代的創新立足點。

當電視機開始研究亮度、色溫時，代表工程技術創新已經走到盡頭，進入體驗創新時代；當諾基亞（Nokia）開始以換殼為本時，說明這個時代在呼喚下一個工程技術創新；當小米以「價格屠夫」的身分進入每一個行業時，代表流程效率創新的機會來了；當所有移動設備都在呼喚石墨烯時，說明基礎技術創新即將重建整個商業格局。

企業必須找到適合自己的產品創新立足點，不盲從、不自封。

第四個紅利，就是全腦紅利。

企業是工業時代建立起來的一種組織，典型特徵是封閉性和金字塔結構，由幾個高層人物下決策，中間管理層上傳下達，基層員工拚命幹活。也就是說，整個企業只有幾個人充分發揮腦力，其他人更像是螺絲釘。這種組織模式，無法靈活應對快速變遷的市場形勢和客戶需求。

建立一個能充分調動企業全員的腦力，甚至能調動企業外部腦力的組織機制，從而享受「全腦紅利」，是每個企業的挑戰。

所謂的時代變遷就是舊紅利（紅利即是指在某個窗口期，獲得價值高於付出成本的機會）在消退，同時有一批新的紅利出現。流量紅利、社交紅利、創新紅利、全腦紅利，就是物競天擇中的「天擇」。

時代給我們這四大紅利窗口，那麼我們就應該從這四個角度去配合這個時代。因此，是否獲得四大紅利，就是企業選擇創新的根本標準。越早抓住新的紅利窗口，獲得更多的紅利，企業成為時代贏家的機會就越大。

無序的創新依靠有序的選擇，選擇的標準，是時代的趨勢紅利。

本書的下面幾章，就以這四大趨勢紅利層層展開，幫助大家找到在新時代獲得成功的方法。

## 本章思考題

1. 你所在的公司屬於哪種類型，是產品型、行銷型還是通路型？
2. 在「企業成功能量圖」中，貴公司最需要「補足短處」的是哪方面？
3. 請結合貴公司以及所處行業的案例，對同事講述「創新－選擇」邏輯。
4. 對貴公司來說，當下最需要抓住的趨勢紅利是哪一種？

# 第一章

# 零售的邏輯，就是不斷尋找新流量紅利

# 01 好店面和知名通路賺取流量紅利

不論是傳統的線下「店商」萬達（按：集商業、文化、網路、金融四大產業於一體的企業集團，總部設於北京）、蘇寧（按：中國的連鎖零售和地產開發企業），還是網路時代的「電商」淘寶、京東，經營邏輯是相同的。沒有人流的店商和沒有流量的電商一樣，都是無源之水。線下商業靠的是地段，地段承載人流，到了互聯網時代，淘寶賣的還是流量。

流量，就是從線下店商抽取出來的人流。先看傳統通路的流量紅利，如果商店很受歡迎、光顧的人很多，**一段時間後房東就會眼紅，一旦租約到期，他就會漲租金**。

有人曾分享一個數據：實體店面平均九個月就會關門。一部分原因是撐不下去，把店經營得有聲有色後，房東就會漲房租，把一部分紅利搶走。因為房東認為是因為地段好，客人才會多。

所以在線下通路開店，要一直開店、一直關店，不斷尋找流量紅利。在線下開店，就算在同一條街，街口和街尾的店的營業狀況可能差別很大，例如街口比街尾的店租金可能就貴上三〇%，但客人流量比街尾多了兩倍，這就存在明顯的流量紅利。

所以為店面尋址，就是線下時代尋找流量紅利的手段。但最終經過夠長的時間，大的紅利都會被抹平掉。當然，由於資訊不對稱，有一些小的紅利依然存在，但大的線下流量紅利，基本上會慢慢消失。

後來出現了電商，電商之所以能迅速影響或幹掉線下通路，是因為電商讓很多人能買到原先不知道在哪能買到的東西，價格也便宜。

此外，淘寶、天貓和京東也投資在宣傳上，因此吸引大量的流量。而以前網路平臺上的商家還不是很多，大量的流量分給這些商家，當然有的相對好，有的相對差，但分到的流量普遍比線下要大，獲客成本比較低。因此，電商有一段巨大的流量紅利期。

可是過了一段時間後，有一部分流量紅利消失了，因為大家都發現電商有利可圖，都到網路上賣東西。如果你現在新開一家網路商店，會發現已經沒有流量紅利，因為透過用戶搜索而自然分到的免費流量，已經不足以支撐商家。

而大趨勢紅利的消失，跟線下的房東看到店面經營得好，就漲租金的邏輯一樣，淘寶有個玩競價排名的「淘寶直通車」，其實就是用更有效率的手段，來抹掉網路商店的流量紅利。例如，你一旦有了流量紅利，但買關鍵字的價格明顯低於產品利潤，就會有人用更高的價格來競爭關鍵字，這筆錢就被阿里巴巴拿走了。

所以，有贊商城（按：中國一家移動零售服務商，旨在透過管理客戶與建設品牌，提高經營效率）創辦人白鴉（本名朱寧）說，淘寶已經沒有自然流量，一千萬個商家眼睜睜在那看著，競爭對手以各種方式反覆把排名往前，哪來的自然流量。二〇一六年初，三只松鼠（按：中國一家專賣堅果與零食的電商）的公關經理殷翔對媒體說：「三年前，我們發展一個線上客戶的成本是二十五元（按：本書幣值若無特別標注，皆為人民幣，人民幣一元約等於新臺幣四．五元），現在需要一百元。」

阿里巴巴用更有效率的手段，抹掉一切的流量紅利，當然我們還可以繼續找到小的流量紅利，但大趨勢的流量紅利一定會被迅速抹平，跟傳統通路比較接近。

所以說，現在到淘寶、天貓上開店的效益已遠不如以前，能賺到錢的商家在迅速減少。早期開的店，現今之所以仍能經營得還不錯，是因為他們把早期獲得的流量紅利，轉化成大家對品牌本身的認可。

所以在**早期經營電商，並把流量紅利轉化成品牌，就是這些人獲得的最大收益**，例如韓都衣舍、茵曼（按：兩者皆為中國專賣服飾的企業）等淘品牌（按：淘寶商城推出，基於互聯網電子商務的全新品牌概念）迅速成長。但總體來說，現今電商的流量紅利已經消失。

## 02 電商的流量紅利消失，淪為傳統零售

流量紅利像一段時間就改變位置的移動靶，做零售好比打移動靶，必須不斷尋找新的流量紅利。

尋找流量紅利有兩個方法：一是從宏觀的角度找流量紅利，即尋找有紅利的新通路；另一個方法是相較於別的企業，在戰術上做得更加優秀，能獲取小的流量紅利。

關於「小的流量紅利」，來看一個例子。拍證件照這件事，是極其暴利的交易，只需要智慧型手機、白牆就能完全滿足要求，印刷成本也幾乎接近免費。

因此拍證件照，可以成為快遞公司（或其他公司）的吸引流量業務：用近乎免費的價格，幫助消費者沖洗自己的證件照，然後只收快遞費，送到消費者手中。證件照為快遞公司帶來了「新流量紅利」。總之，對通路來說，永遠都從宏觀和微觀的角度尋找流量紅利。

流量紅利一旦被抹平，就淪為傳統零售，例如電商已經成為傳統店商。現在的商家在淘寶上做生意，最大的問題是**流量成本太高**。二〇一五年二月，《經濟參考報》記者在阿里巴巴舉辦的培訓班上得知，目前淘寶集市店（按：淘寶的C2C交易平臺，多

數為個人賣家）有六百多萬個賣家，真正賺錢的不到三十萬個，僅占五％；天貓商城上有六萬多個賣家，沒虧本的不到一〇％。

曾在支付寶擔任產品設計師的白鴉說，淘寶的一千萬商家，真正不賠錢的只有五％，賺錢的只有二％。

他和我說過一個案例：淘寶上的一家皇冠級女裝店，商品成本占三〇％、行銷成本占三〇％、人事成本占一二％，毛利看似超過二〇％（按：淘寶的賣家信用等級分為紅心、藍鑽、皇冠、金冠，賣家好評的交易超過一萬零一筆，能達到皇冠等級）。

但如果在行銷上，除了做廣告還要刷單（按：空賣空買，以作假的方式提高銷量及商家信譽）的話，成本會增加一〇％，整體行銷成本就超過四〇％。綜合下來，產品的毛利只有五％至一〇％，再扣除物流等費用，基本上是虧損的。

虧損的一個很大的原因，是商家經營很多年，**卻沒有培養任何的死忠客戶**。客人想在淘寶上買一雙鞋，會直接去搜尋，購買後根本就不記得在哪家買的，只記得在淘寶上買。這就導致**商家每次賣貨都要買流量**。

因此，未來的每一個商家，都需要經營自己的客群。尋找新紅利是零售的核心，例如**創辦會員制度，或利用自媒體、社群宣傳**，直到紅利再被抹平。

自媒體方面，「新流量紅利」可能來自於那些迅速成長的微信公眾號，例如網紅咪蒙、六神磊磊。這些公眾號迅速獲得很大的關注，**價值變得很大，但在上面打廣告，可**

**能開銷還遠低於傳統線下媒體**，甚至遠低於傳統互聯網媒體，所以迅速成長的自媒體，可以給與其合作的電商企業，帶來巨大的新流量紅利。

我們來看兩個例子：在自媒體中，有一個比較簡單、有效的流量變現（按：將網站流量透過某些手段變成現金收益）方法，那就是**抽獎**。例如音樂交通臺有三十萬個粉絲，如果在群發的內容上，放英國微型車品牌寶馬迷你（BMW MINI）的廣告，粉絲一看是廣告，可能連看都不會看一眼。所以，現在廣告這種變現手段的效果很差，尤其在移動互聯網時代，消費者的腦中都已經「預裝」廣告過濾系統。

這時，音樂交通臺可以告訴寶馬迷你，能不能給我兩輛車，每輛車有半年的試駕權，按兩年算，這樣可以抽四次獎，然後再加一些鑰匙圈之類的小獎，針對三十萬人安排活動，讓粉絲填個資料就能參加抽獎。

這樣寶馬迷你替自己的品牌宣傳，宣傳效果也很好，而音樂交通臺不但收了廣告費，還提供給粉絲不錯的福利。

另一個例子是二〇一六年春節前，網紅顧爺的「猜題拿口令搶紅包」活動。我猜，顧爺收了支付寶的廣告費（也許沒有，但太像是有）。顧爺**不能直接業配**，說：「支付寶就是好，就是好。」這樣會引起粉絲的強烈反感，是**「消耗型」的變現方式**。

於是顧爺在微信公眾號，安排了「猜題拿口令搶紅包」活動——猜對問題答案，就提供支付寶現金紅包的口令。粉絲在支付寶的應用程式上輸入口令，就能獲得紅包。這個活動迅速引起強烈迴響。支付寶宣傳了自己，顧爺獲得收益，他的粉絲也獲得實惠。這是**「增益型」的變現方式**。

面對有明確喜好粉絲的自媒體，「消耗型」的變現方式，正在被「增益型」的變現方式取代。這也是為什麼越來越多的**自媒體選擇自做電商，而不是做廣告**。吳曉波頻道賣「吳酒」和「傳統企業千人轉型大課」、羅輯思維有付費用戶和獨家售書、凱叔講故事賣「凱叔西遊記隨手聽」故事機，都是成功的自營電商案例。

所謂「內容創業井噴」（按：「井噴」本義指油氣井在鑽進過程中，地下的高壓原油、天然氣突然大量從井口噴出。後延伸表示一種爆發式的突變，強調某種量在短時間內急劇增加），是流量碎片化時代的開端。總體來說，**流量一定會被BAT絕對壟斷，未來將走向以社群為單位的碎片化時代**（按：BAT為中國互聯網公司三巨頭，B等於百度〔Baidu〕、A等於阿里巴巴〔Alibaba〕、T等於騰訊〔Tencent〕）。內容，是建構這個社群的重要武器。大量創業者不再以成王成寇、大輸大贏，而是以有自己的特色為目標。這也是企業的「新流量紅利」。

而對於這些「內容創業」的自媒體來說，早期的微博平臺和微信平臺，都蘊藏著巨大的流量紅利。羅輯思維和凱叔講故事等，二〇一四年出現的微信公眾號，在創業的一、兩年內，都利用微信的用戶爆發成長。用戶每天花在微信上的時間，多到用恐怖形容的程度，**但微信公眾號的數量還沒有爆發，而這中間就存在巨大的流量紅利**。

之後隨著微信公眾號越來越多，用戶增加的速度卻變慢，用戶關注公眾號的時間沒有顯著增加，微信平臺上每個公眾號被關注的時間，就會迅速減少，微信公眾號的流量紅利就會迅速消失。**但早期做起來的微信公眾號，已把流量紅利轉變到品牌價值上**。

零售的邏輯，就是不斷尋找新的流量紅利。現今傳統電商的流量紅利逐漸消失，好在，有三大流量紅利正撲面而來。

# 03 利用社群和口碑，小商家會找到客群和流量

那麼，如何獲得這個時代的流量紅利？電商在二〇一四年創造了兩兆八千億元的市場，其中阿里巴巴創造兩兆元，京東創造三千億元。現今的電商以淘寶、京東和唯品會（按：中國網路購物網站，以銷售服裝、化妝品為主，也發展銷售小家電、日用品等多種商品，總部設在廣州）為主。

但我認為，**之後的大趨勢也許是中心化的流量越來越少、越來越分散，形成很多中小型的「泛中心」，但加在一起，會變成主流。**

關於這一點，白鴉認為在四、五年後，**電商會長尾（The Long Tail，銷量小但種類多的產品或服務因總量巨大，累積起來的總收益超過主流產品）化，趨向三大巨頭（BAT）的可能只有五〇%，未來的每個好商家，都會有屬於自己的客群和流量來源。**

為什麼會這樣？

## 社群經濟——「泛中心化」的社群

在阿里巴巴電商平臺，所有流量本質上都是阿里巴巴的，每一個客戶本質上也是阿里巴巴的，商家只是商品的提供者，並非真正擁有客戶，所以永遠需要花錢購買流量。前面介紹過，這導致淘寶大量的商家都虧損。當然這不能怪淘寶，這是這種商業模式的必然結果，而且也有不少企業做得不錯。

而微信建立的新生態，是「泛中心化」的，有很多個小中心，例如羅輯思維。在微信裡獲得流量的方式，是利用社交。騰訊說，我給你們一人一個筐和工具，微信的六億五千萬用戶就是一個大桃花園，自己去園裡打桃子，自己打下來的都是自己的。

以某個目的（例如興趣、背景、目標等）而聚集在一起的人群，我們稱之為「社群」。**互聯網大幅降低了人與人連結的成本，因此「社群經濟」正在成為新的流量紅利。**

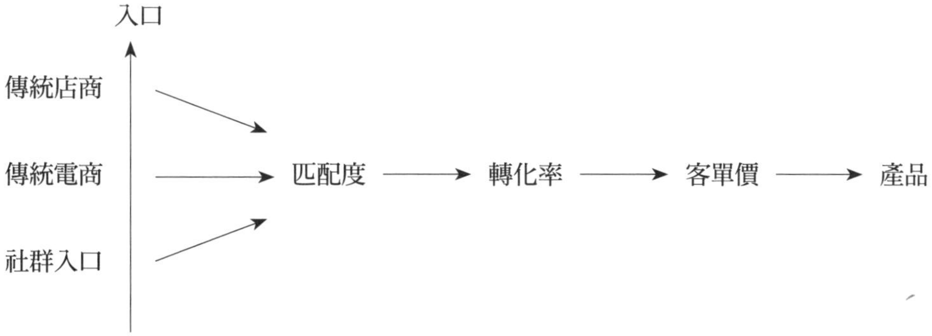


傳統店商、傳統電商、一般社群販售商品的流程。

社群有多種組織的形態，大到一個社交應用程式，例如陌陌（陌生人交友）、雪球（理財炒股）；或一個中等的微信公眾號，例如凱叔講故事（二至八歲的孩子和他們的父母互動）、吳曉波頻道（財經讀者）；再或者只是一個微信裡的群（按：類似即時通訊軟體中的群組）、豆瓣上的一個組、百度上的一個貼吧，例如蟲媽鄰里團（團購生鮮水果）、無數學習群（對某個領域關注的學習者）。這些社群，漸漸成為企業獲得新客戶的重要通路，也就是新的流量紅利。

所有擁有用戶關注度的經營者，都可以把關注者經營成社群。我以微信群為例，說明具體的做法。

## 蟲媽鄰里團土法煉鋼建立社群，找到流量紅利

生鮮電商蟲媽鄰里團由我在微軟（Microsoft）的多年老同事華宏偉，以及他的合夥人夏寧及其夫人「蟲媽」創建，他們創造了流量的「社區加社群」模式。想在大平臺上經營生鮮電商，通常得「場面浩大、聲勢逼人」；蟲媽鄰里團則是在偌大的市場中找個小角落，苦心經營。

半路出家做生鮮農產品，他們遇到的第一個難題是沒有客戶流量（產品銷路）。經過各種探索，他們決定用「社區加社群」（依靠社區建立社群）的方法，解決流量問題。

**社區意味著用戶在共同的地點，社群意味著用戶有共同的興趣。基於共同地點上的**

**共同興趣，就是「社區加社群」模式**。華宏偉、夏寧決定，從自己居住的社區開始建立銷路，因為鄰里間的信任度比陌生人高一些。

但居住在一個現代化的大社區中，往往認識不了多少鄰居，怎麼辦？他們策畫了吸引大眾的活動。當時夏寧剛買一輛特斯拉（Tesla，美國最大的電動汽車及太陽能公司）電動車，在二〇一四年七、八月，電動車還很稀奇，再加上老闆娘「蟲媽」長得特別漂亮，於是用「美女搭配香車」賣水果，這產生了很好的宣傳效果。

他們聚攏客戶的方法很簡單——凡是來到攤位買水果的顧客，就鼓勵他們掃二維碼（QR Code）加入微信群。顧客聽他們自我介紹是鄰居，看起來也不像是騙子（畢竟夏寧開著價值接近百萬元的轎車），也就加入了蟲媽鄰里團微信群。擺攤賣水果、每天吸引二、三十個顧客進群，他們用這種現在看起來很原始、低效率的方法，累積社群種子顧客。

加入群後，蟲媽鄰里團和這些鄰居就有長期的連結，這些群就成為穩定的流量入口。那麼，他們力推的這種「社區加社群」模式有什麼優勢？

社群來自於共同的興趣，蟲媽鄰里團的成員大都是家庭主婦，她們都比較擔心食品安全，都想吃到美味、安全的水果。在社群裡，平臺會等顧客先下單後再去採購，這解決了庫存問題。

社區指的是共同位置，帶來的好處是消費的集中，能**大幅度降低物流配送的成本**，就像便利商店採取密集開店策略，而不是在全市平均設點。蟲媽鄰里團還在社區設置自提點，這樣就不用送到每個顧客家裡，能進一步節約成本。

社群解決庫存的問題，社區解決物流的問題。**庫存和物流一直以來，是生鮮電商的兩大難題**，都帶來嚴重的成本損耗，很多企業虧損就是因為這兩個問題沒解決好。

中國四千多家生鮮電商中，只有一％創造利潤，蟲媽鄰里團雖然還不大，現在有幾十個群，包含一萬六千多戶人家，卻屬於那盈利的一％，因為他的成本不大。減少成本的關鍵是搶時間：下單再採購，庫存時間最少；只送到固定的提貨點，物流成本最少。

蟲媽鄰里團用這種「社區加社群」的模式，一點一滴的累積用戶，獲得流量。而基於「社區加社群」的流量，累積很辛苦，但變化率很低。這些流量，最終會轉化為信任，很難被其他冷冰冰的大電商奪走。他們不僅打開了銷路，而且探索出一種非常有效率的電商模式。

先和用戶互動，獲取穩定的流量，再提供更多的產品，是社群經濟背後的邏輯。

## 口碑經濟：創造二次流量

有人問我怎麼看直銷？我認為，嚴格、合法的直銷是一種優秀的商業模式。他們用廣告預算鼓勵喜歡該產品的客戶，向他的朋友推薦。口耳相傳是最好的廣告；而互聯網，是口耳相傳的加速器。雖然現在直銷業存在很多問題，但我非常期待口碑在互聯網上，最終進化出一種合法、高效的「口碑經濟」。

什麼叫「口碑經濟」？首先，區分一下「直銷」和「傳銷」這兩個概念。我認為，正規的直銷與非法的傳銷，最大的區別在於，這個銷售體系的設計，到底是以真實賣貨獲利為目的，還是以發展下線獲利為目的。

如果是以發展下線獲利為目的，那麼必然要求會員支付可觀的費用，然後為了業績不斷買入商品，瘋狂發展下線獲取銷售分成，最終可能實際上，沒有多少銷售體系外的客戶購買產品，所有的銷售都是在體系內完成。這就是徹頭徹尾的老鼠會，也就是我們說的傳銷。

我是康寶萊（一家在美國上市的營養品直銷公司，臺灣稱為賀寶芙）中國區的戰略顧問。二〇一四年五月我在康寶萊演講，談及現今的商業模式中，互

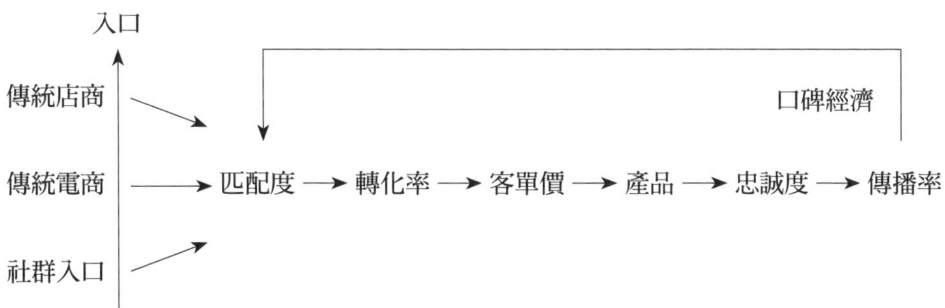


善用口碑經濟，就能創造二次流量。

聯網尤其是移動互聯網，其中一個核心是社交。如果產品好，社交會帶來非常顯著的傳播效應。在過去線下的時代，有兩種商業模式也和社交緊密相關。一種是直銷，另一種是保險，其實保險的銷售在現今，也是某種意義上的直銷。

消費者會主動為產品背書（擔保）、傳播，是基於產品好而產生的口碑。在移動互聯網時代，產生「爆發式」銷售，這種「類似於」傳統直銷的商業模式，我取名叫「口碑經濟」。

我認為本身已經有口碑、品牌、服務能力和售後能力的商品，其口碑經濟會成為這個時代的新的流量入口。這種模式可以大量獲取二次流量，而且成本很低。

**「口碑經濟」其實就是把廣告費和通路費的一部分，讓渡給那個因為喜歡這個商品、信任這個商品，願意用自己的信用來背書的人。**而這種方式將產生很好的宣傳效果，因為朋友之間的口碑變得越來越重要，成為解決產品信任問題的關鍵。

我在培訓企業時曾放過一段影片，裡面提到，現在只有一四%的人還會相信廣告，而九〇%的人都相信朋友之間的推薦。這個數據就是在移動互聯網時代，口碑經濟能發展的基礎。

那麼口碑經濟要如何發展？第一個核心就是客戶對產品的信任，第二個核心就是他願意貨幣化他的社交關係（信用）。用過產品的人才會有這種信任，如果他本身不信任這個產品，是不會貨幣化他的社交關係。每個人的社交關係，都有一個標準和定價。然後，客戶的朋友使用這件商品，產生良好的體驗，再反過頭來為他的信用加分，如此產生正向循環。

例如某些高檔的食品企業，正在移動互聯網上嘗試發展分銷員，分銷員可以享受銷售佣金，也可以用稍微低價的優惠買了自己吃。由於它是賣日常食品，大家會重複購買，而且客戶消費能力高，所以分銷員產生收益的機會也比較大。

對於該食品企業來說，相較於層層批發商、代理商拿走的巨大利益，給分銷員一〇%左右的分成還是很划算，同時能在社群網站上廣泛傳播品牌，總體來說，名利雙收。

隨著市場競爭的日趨激烈，房地產業近幾年興起了「**全民經紀人**」模式：不管身分是公司員工、經紀人、老業主還是一般人，都可以將客戶推薦給房地產，如果新客戶成功購房，推薦人就能拿到一定的佣金。中國發展房地產的公司碧桂園、綠城、萬科都紛紛希望，用這種房產直銷模式來提升業績。

還有不少企業，嘗試把**員工**變成推行「口碑經濟」的起點。一些企業正在嘗試把「品牌是被顧客信任的」思路，改成「每個員工都是我的顧客喜歡和信任的」。把品牌和行銷能力武裝到全線士兵，讓全線的每個銷售員、員工去真正的拿槍打仗，而不是企業拿品牌這個大砲去打仗。

未來不僅是把產品擺出來、寫上打折，消費者來看了就買，同時也要讓全線員工去社群網站上找客戶，跟他交朋友。跟客戶對話時，不僅在官方帳號上發訊息給全體顧客，其他員工也和自己熟悉的客戶傳達消息：我覺得有一些東西適合你。

例如，顧客來店裡買東西，員工說：「大姐，我們加個微信吧，我會傳一些店進的新款床單之類的產品資訊給妳，要是喜歡就直接跟我說，我用內部員工折扣賣給妳。」其實員工身邊的親戚朋友也都可以享受到員工價。這樣，員工上班在銷售，下班了還在銷售。

這麼做是把自己的員工變成真正的全線行銷人員，讓員工背著自己的品牌走，員工就變成了「口碑經濟」的起點。

讓所有客戶和員工都參與銷售和傳播，這種做法在有贊商城，已經有幾千個線下店商在應用，白鴉認為，這是「口碑經濟」的核心操作方法。

「口碑經濟」的起點，還可以是一些**網紅**。例如當羅輯思維說這家土產店賣的東西最好，他的粉絲也會這麼想。所以那些網紅是有價值的，都有信任和背書的價值。

美女網紅比較適合賣服裝，廣州匯美服裝公司在二〇一五年，和一位有一百八十二萬個微博粉絲的網紅簽約，藉由她的宣傳，該公司推出新款服裝不到一小時，業績就突破一百六十萬元。目前匯美已經和三十多位網紅簽約，預期銷售額為兩億元。

還有些網紅是各領域的專家，例如有位在家庭主婦圈子裡非常有名的網紅，平時提供內容服務、談育兒方法，偶爾賣一次產品。有一次賣烘焙用品，一套賣好幾千元，三千套花十分鐘就賣完了；那些有一定年紀的明星，比較適合賣護膚用品、減肥產品等。

有了「口碑經濟」的起點，接著就是如何創造傳播節點（node）的問題。最好的產品，也許不需要創造傳播節點（一定會為你宣傳的用戶）。因為消費者會覺得，他不是在幫你宣傳，他是在幫他的朋友獲益。但對絕大多數產品來說，對消費者有些精神、物質方面的激勵，能增加獲得二次流量的次數，以及流量到來的速度。

給消費者一些銷售獎金，成為一種非常流行的做法。但若要這麼做時得非常慎重，注意跟傳銷之間的區別。如果消費者的主要動機，從分享好東西順便獲利，變成了不斷發展下線賺錢，就必須注意，這是否違背「口碑經濟」的本質。

現在有不少可用於「口碑經濟」的技術平臺，大家可以做更多的研究。如果**「社群經濟」是獲得一次流量的趨勢紅利，那麼「口碑經濟」就是獲得二次流量，甚至是源源不絕的重複流量的趨勢紅利**。

## 重複購買：最大的流量紅利

現在，我把通路的流量紅利完整解釋一下。

消費者與企業、產品、服務的接觸點，若站在企業的角度看，稱之為「通路」；站在消費者的角度看，稱之為「入口」；站在中性的角度看，稱之為「連接」。

這種「通路、入口、連接」，最傳統的是線下店商，過去十年發展到線上電商。現在社群與口碑變成兩個重要的「連接」，或者說變成了尚未被「傳統化」的「入口」，稱之為「流量紅利」——使用更便宜的成本，把人帶向產品的流量入口。

帶向產品後有個「匹配度」的概念。這個連接雙方（產品、消費者）的互相需求度如何？也就是說這個「入口」代入人群的「精準度」如何。匹配度就是這些人中，有些人他根本不可能買你的東西，假設你是賣口紅的，只有某些人群才會買口紅，你連接、匹配的用戶，如果是在公園散步的老人，匹配度就很差。所以這個入口的匹配度越好，價值就越大。

**社群自然具有最好的匹配度，因為他們就是因為某個興趣而聚在一起**。匹配這個興趣，就幾乎匹配這個群體裡的所有人。口碑傳播自然也有非常好的匹配度，因為人以群分，喜歡旅行的人，他的朋友中也有不少人喜歡旅行。這也是為什麼社群經濟、口碑經濟，是新的流量紅利的重要原因。

假設匹配的人都是二十五歲左右的女孩子，之中必然有人會買，有的人不會買口紅，這叫做轉化率。成交轉化效率越高，就代表這個通路的營運能力越高，轉化效率越好，這是努力可以影響的。這中間又有很多營運細節的學問，像是和用戶建立信任、以互動建立情感、基於數據對消費者行為的分析等。

把潛在的消費者轉化為消費者時，還涉及「客單價」（每位客戶平均購買商品金額）的概念。客戶平均一次買多少東西，是否在對的時間點上，提供他需要的大部分價值，可以用客單價來衡量是否滿足了客戶的即時需求。

基於某個客單價的訂單一旦發生了，就回到了商業的本質：產品本身。一個真正好的產品，可能打造一個忠實的客戶。所以，忠誠的前提是產品要夠好，忠誠的客戶就會形成口碑，如果口碑好到一定程度（客戶忍不住在社群網站宣傳），又會產生自發傳播，這就是「口碑經濟」。

口碑經濟用極低的流量成本，把自己沒辦法觸及的新客戶，「意外」帶入「匹配度↓轉化率↓客單價↓產品↓忠誠度」的循環。主動經營口碑經濟，就是把這種「意外之喜」，變為意料之中。

但除了社群經濟、口碑經濟外，我認為，**這個時代最大的流量紅利，是來自於消費者的重複購買**。

重複購買可以達成每一家企業夢寐以求的價值目標：客戶終生價值（Customer Lifetime Value，客戶在未來可能為產品或服務帶來的收益總和）。其實在很早之前，就有很多人關注這個問題。通用汽車（General Motors）的負責人曾說過，一個通用汽車客戶的終生價值是七萬美元。不過，在與消費者連接很脆弱的情況下，這很難做到。移動互聯網時代，在強連接的基礎上，這件事情變得有可能。

過去顧客在店裡買了手機，買完後就走了，生意到此結束。店面的房屋租金、營運成本、人事成本會平攤到每個客戶身上，這稱之為「獲客成本」，用互聯網的語言來形容，就稱為「流量費」。一旦客戶走了，還得重算下個客戶的獲客成本（流量費）。

但如果這個客戶變成會員，商店就有他的基本資訊，如果能和他長期保持聯繫、不斷互動、為他創造價值，讓客戶產生信任，那麼當他下一次換手機時，一旦優先考慮有加入會員的店，就不用算他的線下獲客成本，獲得這個流量的代價幾乎為零。

而且，還可以向客戶推薦相關產品，若他本來要買一只蘋果手機，可以問他要不要順便買一張App Store的儲值卡，以及終生換新機的服務，這樣就可以把客單價提高，創造「客戶終生價值」。

因此，第一次到訪的顧客有成本，但若營運得當，**其實後面重複購買的成本就非常低，甚至可能幾乎為零**。重複購買是最大的流量紅利。要達成重複購買，首先要想辦法抓住客戶。

假設某家連鎖便利商店一天有一千名客人，房租是每天一千元，因此平均一名獨立訪客（Unique

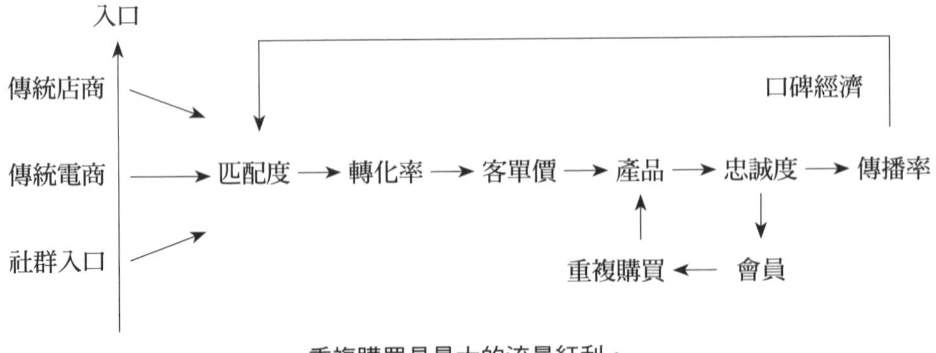


重複購買是最大的流量紅利。

Visitor，簡稱UV）的獲客成本是一元。有時即使經營互聯網，獲得一名獨立訪客的成本也會超過一元，所以從流量費的角度來看，這家連鎖便利商店還算有競爭力。

接下來要思考的問題，是要把這些客人變成會員和粉絲。否則店搬走，客人就流失了。有些線下商店的租金要高得多，對他們來說，抓住客戶就變得更加重要。

再以水果店為例，去水果店買水果時，老闆說加微信、用微信付款可以便宜五元。用微信加朋友，他與你就有了聯繫，**這五元是把客人變成老客戶的成本**。

水果店粉絲的價值就很高，例如有了聯繫後，水果店可以宣布：客戶如果晚上十點前下單，隔天早上拿水果可以打七折。因為水果店最大的成本，就是隔天銷量的預測，以及預測不準確而產生的庫存成本。

如果客人晚上先下單，老闆隔天早上去訂貨，就可以有目的的進一部分貨，而且鎖定了部分消費。和其他家水果店，立刻產生差異。經營方式改變、顧客回頭率變了，這些方面的「變」，幾乎沒有成本，只須提高企業人際技能，轉化經營理念。

掌握客戶後，要花力氣管理會員。原先的客戶關係管理（customer relationship management，簡稱CRM），可能僅限於客戶過生日送禮物，維護一下情感，是單向的、是一種弱連接。但移動互聯網時代的強連接，可以有不一樣的做法。

為了區別於傳統的客戶關係管理，這種基於強連接的客戶關係管理，被稱為「**會員管理**」。

現今的會員管理很重要，企業不需要再用大量廣告刺激客戶，原先浪費那麼多的錢要盡量省下來，給舊會員更多的回饋。企業在這方面的效率越高，在市場上的競爭力就越強。

企業可以把行銷費用的一部分切割出來，用以管理會員、給舊客戶更優惠的價格。越是忠實的客戶，就讓他得到更多實惠。這類架構做得越早，數據化做得越好，可能未來五年就會拿到這個巨大的紅利。

關於「會員管理」，白鴉提過一個有趣的概念，叫「單客經濟」。他認為，未來企業的營運思路，會從規模經濟轉變成單客經濟。

現今做生意的人，關注的是前一年賣了多少錢、賺了多少錢；人事成本、進貨成本、房租成本多少；之後應該可以把哪個成本再降低一些，把規模再加大一些。這就是傳統生意人的思考方式。

未來不是這樣，隨著人們對消費品質的要求越來越高，更願意**去消費那些習慣性信任，而不是最便宜的東西，當然便宜永遠都是重要的，但有比便宜還重要的東西，就是「對便宜的信任」**。

「便宜無好貨」的說法，讓便宜不能輕易被信任，建立這種信任極其困難。這種信任，建立在對產品品質的控制，以及每一個使用者體驗（User Experience，簡稱UX，又稱使用者經驗）的經營上。最終，一個商人研究的不再是規模，而是客戶。新的零售商家看的，是我今年服務了多少客戶、一個客戶消費了多少、明年我能多服務多少客戶、我能讓一個客戶多消費多少。

如果淘寶的出發點是你來買東西，而單客經濟的出發點，則是我可以為你提供最大的價值和服務。

舉個例子，還是以水果店為例，假設你是水果店老闆，算一下商店周邊社區一共有多少住戶、在你這裡買水果的有多少個家庭、覆蓋率有多少。然後再去研究一個家庭，一年在水果上的消費是多少，如果是花一萬元，要去算你客戶的平均消費，有沒有超過一千元。如果客戶花在你這裡的不到一〇%，這說明客戶對你不信任，未來這個客戶隨時會拋棄你。

單客經濟需要單客貢獻更多，那麼企業應該想的，是我對這個單客的價值夠不夠大。不能說水果店就只賣某些水果，那是不行的，你甚至可能發現水果店裡應該賣零食，因為未來沒有蘋果大王或草莓大王。這種思考方式類似於前面提到的「社群經濟」，基於匯聚人群的共同屬性，提供多樣化的產品或服務。

在大街上，一人發五元創造一百萬個粉絲，其實沒用。這一百萬個粉絲的匹配度、轉化率可能都很低，可能還不如兩個月培養一萬個基於某個客單價，消費過產品的老客戶有價值。因為玩的是單客經濟不是規模經濟，要研究的是一個顧客對企業的認可度是多少，企業可以提供給這個顧客的服務價值是多少。

我的朋友簡昉，她做的「掌尚惠」就很有趣，在單客經濟上不斷發展。舉個例子，中石油的客戶是一群有共同愛好的人，因為他們開車，所以才會買油，所以他們就形成一個開車社群。然後這個社群有可能會產生別的消費。

掌尚惠累積很多大企業的資源，聚集無數這樣的社群，讓它們在一起形成一種新的生態，這種生態就是互享互利。

以招商銀行客戶為例。掌尚惠幫招商銀行設計了一項客戶優惠，就是試駕汽車，能獲得一百元的中石油加值卡。招商銀行客戶和汽車購買者匹配度比較高，有機會獲得比較多的潛在汽車客戶。客戶到店試駕，把接待他試駕的經理名字和手機號碼，回傳訊息給掌尚惠，掌尚惠就送他一百元的中石油加值卡。

一般來說，透過廣告吸引顧客到店試駕，要花費約一千元的成本。現在汽車公司只須付兩百元招攬試駕者，其中一百元變成中石油加值卡，回饋給顧客。有的人本來就要買車，去試駕還能拿到一百元，覺得很划算，買車機率就變高。

而這個汽車公司也覺得很好，不但找了試駕的人，還送了一百元的加值卡給試駕者。而這名試駕者是招商銀行的客戶，試駕即可獲得一百元油錢，是招商銀行給自己客戶的福利，同時中石油也能宣傳。

在這個案例裡，企業沒花一毛錢，就能讓消費者有福利，靠不同企業的互相支持，娛樂客戶、增加使用者活躍度。

給客戶提供最大的價值，產生互動、忠誠度，就是單客經濟。總之，重複購買（單客經濟）是最大的流量紅利。

## 本章思考題

1 你公司的主要通路是什麼？流量成本是否提高？

2 貴公司是否比較過在傳統媒體、入口網站和即時通訊軟體官方帳號的推廣成本？如果嘗試過新媒體推廣，效果如何？是否有改進的空間？

3 請思考貴公司的社群建設方法。

4 如何在貴公司客戶和員工中開拓口碑經濟？

5 請思考貴公司如何實踐單客經濟？

# 第二章

# 口碑怎麼來？
# 發現新的社交紅利

# 01 產品要多好，顧客會自己找上門？

如果拓展通路據點的目的，是為了增加「商品可得性」，那行銷的目的，就是為了增加「隨機購買率」。在上一章，關於通路（提升商品可得性、流量），我們研究了在移動互聯網時代的流量紅利：社群經濟、口碑經濟、單客經濟。在快速變化的新時代，迅速抓住這三個紅利，有助於我們占據更有利的入口，獲得更多客戶。在「企業成功能量圖」上，極大減少「通路」提供動能時的阻力，能讓企業觸及最多的客戶，創造更大的價值。

而關於行銷和品牌，吳曉波曾經說過因為互聯網，現今的品牌正在經歷返祖現象（atavism，個別生物體出現祖先具有性狀的現象）。

在很久以前，品牌就是一個人的名字，那是最大的信用背書，像是張小泉剪刀、武大郎燒餅。後來，隨著可銷售的範圍越來越大，個人信用背書不夠用，這種信任慢慢從個人身上脫離，轉化到一個抽象的標誌上，稱為品牌。這種基於口碑而來的個人信任，漸漸變成基於傳播的品牌價值。

但到了移動互聯網時代，因為連接效率的提升，人與人之間的距離極大縮短，品牌價值越來越依靠「口耳相傳」帶來的口碑效應。吳曉波把這種現象，稱作「品牌返祖」。

在這一章，我們將討論「品牌返祖」現象背後的真正推手——社交紅利，以及如何利用社交紅利，事半功倍的獲得新時代的品牌價值轉化。

基於社交的口碑，是一直存在的。例如，很多人和陌生人做生意，尤其一些觀光城市服務品質較差，是因為這些商家不須考慮口碑，大部分客戶都是一次性消費，幾乎不會有回頭客。

在社交傳播不發達時，抱怨的力量也非常有限，最多周邊的幾個朋友知道，不再去那家店，影響不了該商家的生意。但互聯網時代，像是二〇一五年轟動一時的「青島大蝦」事件（按：指二〇一五年十月，中國山東省青島市的一間海鮮店，對外地遊客按過高定價收取餐費而引發的事件，事件經微博曝光後，引發社會關注），使整條街生意慘淡、整個城市被抹黑、在整個省留下心理陰影。

那家店、那條街、青島市、甚至整個山東省，一定不希望我在這本書裡提及這件事。但這就是社交網路的巨大威力，單件投訴的威力，已經大到可以摧毀整個企業，而且有可能永遠不被忘記。這就是社交紅利，對品牌和行銷帶來的摧毀性力量。

根據「新媒體指數」的統計，二〇一五年破千萬閱讀數的文章有四十八篇。網紅咪蒙憑藉一篇〈致賤人〉，三天內增加二十萬個粉絲，閱讀數達到三百五十萬，但這篇文章的閱讀量還排不進前兩百名。閱讀數最高的文章〈看了這張工資條，我決定轉了！〉

高達三千六百八十九萬。

一篇微信文章，可以被三千六百八十九萬人看到。但這個微信公眾號的訂閱數，我相信一定不到三千萬人。該文章的傳播率如此高，是因為讀者心動後隨手分享，宣傳成本極低。

在過去，一份發行量有一百萬的報紙，就已經是不得了的大報，而且還不知道這一百萬人中，有多少是真正看了某一篇文章。現在，一篇文章就有三千萬的閱讀數，這在以前是不可想像的。所以，很多商家都在思考，如何讓我的商品訊息，可以在一夜之間被這麼多人分享、讓三千萬人看到？

這就是社交紅利，對品牌和行銷帶來的引爆性力量。企業要順應時代，在盡力把產品做好後，利用社交的方式，獲得傳播的可能性。如果營運得當，「企業成功能量圖」中的行銷曲線不僅可以平緩，甚至可以改變趨勢一路向上，讓產品越來越受歡迎。

和流量紅利不同，總體來說，社交紅利不是每一家企業的紅利。那麼，哪些企業有機會享受像原子彈一樣，有威力的社交紅利？答案是：**產品足夠好的企業**。

我過去在幫不少企業上課時，常有人問我：「我的產品非常好，是全國首創、唯一、最好的。放眼全國，幾乎沒有競爭對手。但客戶不能理解我的產品好在哪裡，我如何才能讓客戶真正理解，我的產品是最好的？」

我盡量用婉轉的語氣回答他，但答案的本質就是一句話：「其實這是因為你的產品還不夠好，那些你自認為的好，都僅是你自認為的好。」

說得再「傷人」一些，很多企業家會先麻醉自己、麻醉團隊，讓自己認為自己的產品就是全宇宙最好的，發自內心相信後，然後再去麻醉客戶。這種戰術，在現今的效果已經大不如前了。

**那怎麼樣才算是「夠好」的？**在談如何利用社交紅利前，先來談談這個問題。

我常以自己舉例。曾有人問我，如何讓許多企業找我諮詢（海爾、中遠、百度、康寶萊……）。我說祕密是我不推銷。麥肯錫從不推銷自己，他只輸出理念，客戶覺得有價值，就會找上門。我做的也是如此，只是靜靜的站在那裡分享。有緣分，自然就會合作；緣分沒到，那價值你先拿走，有幫助，我就很開心。

不推銷，其實是一種很「自虐」的戰略，這種戰略對我自己提出了很高的要求，就是我必須透過產品（培訓、諮詢）打動我的客戶，讓他忍不住向他的朋友推薦，而不是借助任何我自己施加的外力。

我對自己設立了一個門檻，就是如果有哪一次培訓結束後，沒有一個學員衝上來對我說：「這是我這輩子聽過最好的課程。」那我就會認為這次培訓是失敗的。

我不敢說自己每次都做到，但我是這麼要求自己。培訓結束後，滿意度是九〇％、一二〇％，都沒有任何意義。因為那只說明，課程沒有讓對方太失望。**必須超乎預期的好，對方才會忍不住主動幫你宣傳**。

忍不住主動宣傳這件事，現今至關重要，它定義了這個我所謂的「夠好」。現代人越來越常集中在社交網路上閱讀，微信已經有六億五千萬個用戶，每個人每天花在微信之類社交工具上的時間，已經是數小時。社交網路對企業的產品而言，是「口碑放大器」和「傳播加速器」，它將賦予「夠好」的產品史無前例的機遇。這個「夠好」的程度，就是**好到用戶忍不住在自己的社群網站上分享**，否則覺得對不起朋友。能好至此，社交網路會把整個世界送給你。相反的，如果讓用戶忍不住在網路上罵你，社交網路會把整個世界拿走。

為什麼這麼說？因為所有的主動宣傳，只能觸及第一級受眾。做得再好，觸及的人再多，對他們的影響再大，都是有限的，而且有巨大成本。傳統行銷、品牌建設工具，稱為「一次行銷」工具。對方是否幫忙宣傳（二次行銷），以及他能宣傳給多少人，幾乎沒有辦法控制，更不要說他宣傳完後，他的朋友是否還會繼續被打動，再次宣傳（三次行銷）。

在過去，好產品也能創造口碑，但傳播率很低、衰減率很高，跟別人講的機會很少。朋友到你家發現淨水器不錯，然後你介紹說這是海爾的，挺好用的。其實這種機會很小，朋友再去傳播給別人的可能性會更低。

日本馬桶蓋沒花一毛錢在中國打廣告，為什麼大眾會遠赴日本去搶購？是因為口碑。但日本馬桶蓋的銷售，其實是在移動互聯網時代，被吳曉波一篇文章〈去日本買只馬桶蓋〉，一夜之間點燃。在移動互聯網時代，消費者用過產品後覺得好，再分享出去，用戶在微信的傳播率就比較高，會變成巨大的紅利。

在移動互聯網時代，一些突然大受歡迎的公司出現，都和夠好的產品，遇到夠強的社交有關。

例如，小米為什麼能獲得巨大的成功？我曾採訪小米的聯合創辦人黎萬強，他說小米其實並不是真的懂行銷，只不過是把市場上賣四千元的手機，在微博上賣一千九百九十九元。

面對這樣超乎預期的驚喜，消費者能不傳播嗎？小米手機的性價比好到這個程度，人們都忍不住要分享資訊，這是小米享受的社交紅利。

「大疆無人機」是個典型的學渣逆襲故事，創辦人汪滔本人特別低調，但極其注重產品，閉著嘴，用產品占領了全球七〇％的市場。把東西做好，產品自己會說話，而客戶會放大產品說的話。

所以，當一位十幾年微軟老友創業，要做B2B的互聯網產品，打算花錢招幾百個業務大力推廣。我說這不一定對，但如果我做，我一個業務都不招，且親自上門展示，如果客戶沒激動到忍不住在社群網站上推薦，那都是產品的問題，馬上回去改。在過去，產品不足市場補，市場不足業務補。互聯網時代，傳遞價值環節被壓縮後，企業要試著讓產品說話。

享受這時代巨大的社交紅利的前提，是產品要夠好。具體上，如何把產品做好、有什麼趨勢紅利可以享受，會在下一章（創新紅利）談論。這一章，我先談社交紅利。

# 02 產品行銷化、IP通路化，是實現社交紅利的基礎

我發現有個很明顯的趨勢——產品、行銷、通路，這三件本來看上去完全分開、逐步發展的事，因為互聯網時代帶來的高效連結，已經越來越一體化。而這種一體化，是實現社交紅利的基礎。

## 行銷前置（產品行銷化）

前幾年，互聯網界有一句話很流行：「產品就是行銷。」（Product is the marketing.）。用另外一句通俗的話來說，就是：「好的產品自己會說話，甚至自己會行銷。」

其實在過去也有一種流行的說法：「行銷就是產品。」例如，奢侈品的行銷部門，其實是一個產品部門。消費者被名牌包吸引，其大部分的產品價值（尤其是情感價值）是來自於行銷，消費者購買這個產品的理由，不僅是因為產品帶來的使用價值，且大多數是透過大量行銷，為消費者帶來的情感價值。可口可樂跟名牌包是一樣的，快樂——

這個行銷創造的，附加在產品使用價值上的情感價值，也是可口可樂的產品價值中，非常重要的一部分。

但現今，我要談的是「產品行銷化」。**如果企業認為，「好到顧客忍不住在自己的社群網站上分享」這個標準難以達到，那麼「產品行銷化」是相對比較容易操作的方法。**

產品行銷化就是行銷前置作業，**把行銷精神或行銷元素融入產品**，像是把流行歌曲的歌詞印在可口可樂的瓶身上，使產品大受歡迎。企業在設計產品時，就應該有行銷專家介入，或加入有傳播性的創意想法。否則等到產品完成，再開始思考如何行銷，很可能會比競爭對手落後很多，或無法充分善用社交紅利。

產品行銷化已經成為潮流，現在的產品若本身不具備便於行銷的吸引力，就難以創造更多行銷動能。

例如，騰訊把微信設計成一個遊戲。我們以為在「使用微信」，其實我們是在「玩遊戲」。微信上的功能都根據人性精心設計，你越玩越上癮，最終不能自拔。和微信的遊戲性比起來，微信裡的遊戲都不能算是遊戲。

微信這個產品，可以讓手機通訊錄裡的朋友成為微信好友，這個功能本身極具行銷推廣的特性，能迅速把手機關係轉變為微信關係。這是產品行銷化，或者說行銷前置的典型案例。

再例如中國的線上平臺「E袋洗」，提供上門取送的洗衣服務，他們設計了一個很有行銷特性的產品：只要能把衣服塞進洗衣袋，不論件數都幫顧客洗淨、熨好、掛袋、送回，這樣只收九十九元。

這個設計極大滿足了客戶「占便宜」的心態，並使客戶產生與朋友分享「有便宜可占」的欲望。如果我隨便塞了幾件衣服，上門取件的阿姨會認為這樣不勤儉持家，一定要塞滿、塞到很有罪惡感。她可能會說：「這算什麼，有人在袋子裡塞了三十二件襯衫。」多塞衣服，就是占到便宜，這很有趣，也很有傳播力。

有家叫「極食」的餐廳很有創意，餐廳的蘑菇是現採的，吃完後再送顧客蘑菇根和培養土。客人回家後不久，沒想到居然真的長出第二朵蘑菇，再摘再吃，沒想到又長出第三朵蘑菇。我兒子藉此體驗了採蘑菇的滋味，讓他還想再去那家餐廳。我則主動將這個獨特產品，分享給消費能力高的朋友。

設計產品的過程中，也可以做到行銷前置。像是蘋果的產品，本身就含有大量的行銷元素。該產品在形成時，裡面就有行銷性，就是有故事可講。保密是蘋果公司的核心文化，你怎麼猜，都不會告訴你新手機的細節。他們滿足客戶的「好奇心」，利用好奇心傳播。

四月一日愚人節，已成為很多互聯網公司測試民意的媒介。在愚人節，百度曾推出「筷搜」（按：智慧型筷子，可用於檢測食物的成分）、阿里巴巴曾推出「空付」（按：使用者可以掃描任何一個東西，綁定支付寶、設置金額上限，然後直接借助該東西完成支付），獲得熱烈關注，但都被認為是玩笑和對未來的科技幻想。沒想到一年之內，這兩個產品都正式發布了，產品的發布環節也在行銷化。

行銷前置、產品行銷化，最終都是**對人性的觀察，並把這種觀察融入到產品的設計中**。不管是微信利用人性、E袋洗的占便宜，還是蘋果的好奇心，都是充分觀察了人性、順應人性、滿足人性，把產品做成行銷的起點。

有的產品是知道的人越多，這個產品的價值越大，這是滿足客戶的「被社會認可」需求；有的產品是用的人越少越讓人想用，這是滿足了「炫耀」需求，或者說「自我身分認同」，人都會用這種產品來代表自我「認可」和「炫耀」。這都和人性有關，是產品行銷化的基礎。

## 行銷後置（品銷一體化）

正如產品正在行銷化一樣，行銷和通路也正在逐漸一體化。越來越多的企業，要求在做品牌宣傳的**行銷活動的同時，必須以帶來直接銷量為目標**。品牌宣傳、通路銷售的一體化，稱之為「品銷一體化」或是「行銷後置」。

如果研發是把金錢變成知識、產品是把知識變成產品，那麼行銷和通路，就是把產品變成金錢。

那麼，行銷和通路的差別是什麼？行銷，是為了提高「隨機購買率」，所用的方法是占領客戶心中的「品牌優先權」；通路，是為了提高「商品可得性」，所用的方法是占領客戶心中的「入口優先權」。

互聯網時代的數據化趨勢，導致行銷和通路越來越統一，即「品銷一體化」。品牌宣傳帶來直接購買，而購買的客戶自發的啟動二次品牌宣傳。品銷一體化，就是行銷進入通路銷售環節，行銷直接變現。但長期來看，行銷本來也要變現的，不變現的行銷沒有意義。

其實真正進入大規模、單純的品牌建設階段的企業並不多。大量的企業做行銷的主要目的，就是為了早點賣掉產品，能回收投入的前期成本。

這使得我們去思考，現今的互聯網時代，行銷和通路銷售之間的關係。行銷能後置的原因，是互聯網時代數據化了，可以一路到底。

在線下時代，行銷和通路銷售常常被迫分離。例如冠名、贊助，是為了把隨機購買率轉化在品牌之上。企業投放廣告，是為了誘發欲望，激發消費者的購買衝動。顧客在廣告上看到某個東西好，隔天會想去實體店看看。**廣告激發購買衝動，但衝動和直接滿足欲望之間有個落差**。隔天一覺醒來，很多人失去購買衝動，從而浪費商家很多機會。

但在現今，特別是在互聯網，例如看《芈月傳》旁邊有個必勝客廣告，你看著上癮、不想出去吃飯了，就直接點購買，一會兒就送到家裡了。這種行銷引發欲望後，顧客能直接採取行動購買。也正是因為這樣，越來越多的客戶就把行銷公司的數位廣告看成銷售通路，並以此考核行銷效果。

所以在互聯網時代，行銷也在後置，品銷正在越來越一體化。我以「凱叔講故事」為例，說明如何達成品銷一體化。

凱叔講故事，是一個在二至十歲的孩子，以及他們的媽媽之間，非常有影響力的公眾號。

凱叔（本名王凱）原本是央視（中國中央電視臺）主持人，擅長講兒童故事。他常常講故事給自己的孩子聽，後來想到：為什麼不分享給大家？於是在二〇一三年九月三十日，「凱叔講故事」微信公眾號正式開始運作。二〇一四年四月，凱叔講故事大受歡迎，凱叔正式開始把這個公眾號當成事業來做。不到兩年，微信公眾號就有了四百多萬用戶。

凱叔講故事每天免費提供新內容，在特定群體中建立了強大的品牌知名度。那麼「品」該如何轉為「銷」？

很多自媒體人選擇把流量賣給廣告的方式，在擁有影響力的公眾號裡插入廣告，獲得收入。比較知名的是中國網紅顧爺、六神磊磊讀金庸等。他們很巧妙的把廣告做出娛樂性，讓粉絲對廣告不反感，獲得不錯的效果。但凱叔認為整體上來說，廣告始終是效率很低的變現方式。「品」一定要直接對「銷」，自媒體的主要出路，一定是電商。

例如很多家庭會跟著凱叔買書，凱叔團隊就研究，為什麼他們會跟著買這些不便宜的書。後來發現，其實粉絲跟凱叔買的不是書，買的是一種解決方案。

在成千上萬的兒童書面前，家長不知道在孩子的各個年齡階段，應該給他看什麼。但他們知道，孩子愛聽凱叔講故事，凱叔的每一個故事都是一本書，那就跟著凱叔買。於是凱叔乾脆把這件事做足，幫家長打造更適合他們的解決方案——「凱叔盒子」。

「凱叔盒子」的起源是出版社找到凱叔，希望他能多講他們出版的故事，那時候凱叔的用戶才四、五萬人，就問出版社為什麼。出版社說：「我發現你播了我們的故事後，當月這本書的銷量就翻了一倍。」後來隨著用戶增加，凱叔每講一個故事，就有出版社告訴他，有這故事的書銷量就翻了三倍，這肯定是因為有很多用戶跟著凱叔買書。

用戶實際上是在尋找一種解決方案，這種解決方案還比較粗糙，就是看著凱叔講什麼故事，就買什麼書。

現在凱叔從每個月講的四十本繪本裡，選出六至八本，**直接跟出版社下訂單，裝在「凱叔盒子」裡**，每本書配上一個帶著二維碼的貼紙，一掃這個二維碼，就可以一邊聽凱叔講故事、一邊看書。銷量最好時，一天可以賣出一萬六千本書。

由於用戶非常認同這種方式，於是出版社問凱叔，新書出版時，能不能直接把凱叔講故事的二維碼、LOGO印在書上，告訴所有的孩子這本是好書、是凱叔認證的。

出版社跟凱叔以這種方式，合作出版繪本《世界上最大的蛋糕》，出版後一週就賣出一萬五千本，非常成功。現在市面上有凱叔講故事LOGO的書，已經出版將近兩百本。對凱叔來說，每一本書都是他的廣告，而且他還能賺錢。

從這個例子可以看出，凱叔已經成為一個超級**IP**（**Intellectual Property**）。

IP是中國二〇一六年的熱門詞彙，原本的含義是「智慧財產權」。

我還在微軟工作時，很常使用這個詞，並把它翻譯為知識產品。現今，在內容創業大行其道的時代，很多人把它等同於廣受認可、受智慧財產權等相關法律保護、**有商業變現前景的內容**。

凱叔認為，真正的超級IP一定是人，因為人在他的有生之年，會不斷產生新的內容，就算他沒有產生新的內容，他也會是一個活的品牌。實際上，IP之所以能賣錢，是因為把巨大的流量、人氣聚集起來。因為一個IP而聚集在一起的人，一定有特殊屬性、有共同的煩惱，如果不幫助他們解決問題，而是給他們看廣告的話，那就是浪費。

凱叔講故事八〇%的用戶都是媽媽，把她們聚集起來後，凱叔的團隊做了「媽媽微課」，圍繞科學育兒，教導如何和孩子相處。當媽媽能接納孩子的一切時，最終受益的一定是孩子。

目前「媽媽微課」有四十六個五百人左右的微課群，聚集了二十多萬名媽媽，曾有十五萬人同時在線收聽。每一期她們會把聽課的重點、老師的語音變成內容，發送給那些沒有聽課的媽媽，以及沒有在群裡的媽媽。她們是為了學習，才聚集在一起的人，有共同的目標、有非常多共同的語言。

這些人聚集在一起，力量非常大。這些微課群在平時，每個群的活躍度是五〇％，如果是上課日那就更高了，這樣的活躍度非常可怕。一般群越大，越沒有人說話，因為微信群不是熟人連接，互相都不認識，不知道說什麼。媽媽微課群的活躍度，是興趣相同的人創造的強大力量。

目前「媽媽微課」是免費的，都是請專業的大咖來授課，但不成體系。慢慢的，這種微課是可以成體系的，就像學校一樣，按照孩子不同的敏感期，媽媽們可以獲得專業的培訓。這些培訓內容已經進入出版階段了，以後發展起來的專業父母培訓機構，又可能是筆大生意。

基於一個獨立品牌的產品，往往會走向多元化。凱叔一開始從講故事這麼窄的點出發，產品越做越多、越做越廣泛，自然發展出一個比較複雜的商業模式。

當有媒體的人開始有自己的產品、開始經商時，凱叔認為這叫真正的自媒體，因為這是把流量包給自己，來實現它的商業價值，這是大趨勢。

因此，我也反過來鼓勵那些有商品的企業，要擁有媒體的能力，有本事**讓自己的品牌變成ＩＰ，變成人格化（以人為本）的東西**，或乾脆讓所有商品圍繞人格化打造，靠ＩＰ的魅力增強用戶的黏性。

無論如何，品牌和銷售，或者說行銷和通路，正在一體化。以廣告為媒介的中間狀態，正在被逐漸削弱。

產品、行銷、通路，「企業成功能量圖」中的動能累積，正越來越一體化。這要拜互聯網，尤其是移動互聯網所賜。接著我就要來談，在移動互聯網時代，有哪些社交紅利可以利用。

# 03 讓顧客的朋友也幫你宣傳

如果說「社群經濟」這個流量紅利，是幫助企業獲得很多新客戶，「口碑經濟」這個流量紅利，是使客戶變成推銷員，那麼「**引爆社群**」就是讓可能都沒消費過的客戶的朋友，一傳十、十傳百，繼續幫企業傳播，這是社交網路的第一紅利。

如果說客戶為企業傳播，是因為產品價值打動了他，那麼連產品都沒用過的人，為什麼會為產品傳播？

## 引爆社群：如何讓客戶的朋友也幫你宣傳？

我要提到我在《傳統企業，互聯網在踢門》一書裡，提出的「連接器」轉變邏輯。在線下經濟時代，地段是連接器，把企業和消費者連接在一起；線上經濟時代，流量是連接器，流量越多，消費者與企業的連接性越強。

**現今這個社交網路時代，時間是連接器，誰搶占最多客戶的時間，誰就擁有更大的機會**，做到品牌認可、產品購買等。所以我在書中說：移動互聯網時代的一切戰爭，都是圍繞著客戶時間的爭奪戰。

那麼，怎麼在移動互聯網時代搶到客戶的時間，讓他幫忙傳播？

「時間就是金錢。」客戶的時間，是真正的社交貨幣。首先要理解，客戶期望用這個貨幣「買到」什麼。他們當然希望「買到」最物超所值的東西。這個物超所值的東西並不是企業真正的產品，而是一種社交網路裡的價值，我稱之為「關注點」。用戶期望用自己最寶貴的「時間」，去購買關注點。

所以**企業必須理解**，除了企業自身的第一產品（實體產品）外，**必須生產第二種產品，叫「關注點」（虛擬商品）。企業用第二產品「關注點」換取客戶的社交貨幣「時間」**，然後再透過「時間」賣給他們真正的第一產品，以換取現實貨幣「金錢」。

企業的第二產品部門生產關注點，盡可能交換更多的社交貨幣（客戶時間），是這個部門最重要的職責。關注點這種產品，有著神奇的流感式效果，可以不斷順著社交關係層層傳遞，這種傳遞的「衰減度」越低，傳播效果越好。如果關注點在一個特定時段，能等於甚至大於一〇〇%時，將會產生越來越轟動的「引爆」效果。

當我提及這種叫做「關注點」的產品時，**通常指的是理性分享欲**

第二產品（關注點） —交換→ 社交貨幣（時間） —交換→ 第一產品（實體商品） —交換→ 現實貨幣（金錢）

有關注點，客戶才會投資他們的時間。

**望和感性分享欲望**。

理性分享欲望，來自於對自己「有用」、對朋友「有用」的心態。例如，前文提及的轉文章發紅包、文章內容含有優惠訊息、產品本身很好，這些都是「有用」的。有用，就是「我花時間在你發的東西上，你別浪費我的時間」。

例如，談電商行銷的文章能在網路上廣為流傳，不是因為其他的原因，就是因為內容好、有用。《社交紅利》的作者徐志斌告訴我，「微播易」在監管內容的傳播，每次把他們所看到的案例、數據、總結原汁原味分享出去，傳播效果很好。有用的東西會激發理性分享欲望。

而感性分享欲望則是因為刺激了「表達」神經。愉悅的閱讀體驗，會讓人想要轉發，以「表達」自己的這種愉悅。轉發慈善訊息、尋找失蹤孩童訊息，是一種「表達」自己善良的方式；轉發深度文章，表達一些犀利評語，有助於塑造自己的形象；轉發玩小遊戲戰勝了全國九八％的玩家，是為了展現「我厲害吧」的炫耀心態，這些都源於感性分享欲望。

總之，企業一定要重視關注點，關注點就是第二產品。企業公眾號、社群文章、影片不能只是為了滿足企業本身的推廣需求。

例如，企業CEO發表了重大言論，令全體員工鬥志高昂、淚流滿面；或公司決定發布一款新產品，請所有客戶圍觀……那些都是企業的關注點，不是客戶的關注點。因為滿足了企業的關注點，企業可以藉由群發，獲得第一輪傳播；但因為沒有滿足用戶的關注點，就會像斷崖一樣，客戶永遠不會主動去看。

如果企業希望讀者用他的社交貨幣（時間），投資在一篇文章上，就必須滿足讀者的某種需求，讓讀者有利可圖，而且這個利益越大越好。好比「冷笑話精選」能滿足讀者的娛樂需求，李叫獸的公眾號（按：作者為李靖，曾任百度副總裁），能滿足讀者想學行銷的需求，我的公眾號「劉潤」聚焦於轉型，教讀者傳統企業成功轉型的方法。

在此基礎上我進一步分析，微信朋友圈產生「**引爆社群**」效果的內容傳播規律，即分期付款規律。對這個規律的深刻理解，有助於我們生產有價值的關注點。

這個分期付款規律指的，就是幾乎沒有人可以用一個關注點，一次性得到用戶的全額付款。也就是說，需要花兩分鐘看完的某篇文章，讀者通常會選擇「分期付款」。

就是我先投資〇．五秒，你給我一個吸引人的標題；如果有價值，我再花兩秒鐘看第一段；若內容確實不錯，我再花十秒鐘瀏覽一下。真的很好，我再花一百秒從頭到尾仔細看看。提到的數字不一定非常準確，只是大概的數字。有人可能較大方或小氣，投入的時間都不一樣，但基本上規律一樣。

想像一下，客戶瀏覽社交網站時，手指一滑，三至五篇的貼文就滑過去了。他能停留在文章標題的時間，最多可能只有〇．五秒。這個標題是否夠吸引人、讓人有閱讀的欲望，就顯得非常重要。通常文章的標題不超過三十個字，甚至更短。如何能在三十個字內製造衝突、營造戲劇性、緊扣賣點、激發好奇心，就顯得非常重要。

下標題真的很困難，它就像商品的包裝一樣重要。企業如果肯在商品的包裝上下足工夫，那麼也請對文章的標題嘔心瀝血。徐志斌的《即時引爆：社交紅利二・〇》裡，舉過一個例子：如果在標題中寫「必買的五件商品」或「必買的三十件商品」，會讓閱讀率下降，因為五件商品的獲益太小，而三十件又太多，還要再浪費時間從中挑選，因此讀者會直接放棄。「去法國買這十款產品就夠了」，這種才是個好標題。

標題之外，還要在文章的開頭下功夫。讀者通常會花兩秒鐘，讀完文章第一段。如果第一段不知所云、不夠精彩，很多沒耐心的人就立刻把文章關了。

他可能只有等車的三分鐘，或吃飯前等上菜的五分鐘，但還有很多事情要做，沒時間浪費在不吸引人的文章上。因為一個好標題，他投資了〇・五秒；之後又投資兩秒，閱讀文章第一段。如果他對文章開頭不滿意，文章立刻就被打入冷宮，連辯白的機會都沒有。

所以文章開頭要吸引人，不少文章會在開頭，用一百字左右的精簡內容，讓讀者感受到進一步投資社交貨幣（時間）是有價值的。這段一百字的開頭，又是一個深厚的功力所在。

如果文章開頭夠精彩，這時讀者會決定繼續投資十秒鐘，從頭到尾看一下這篇文章。現在的讀者越來越急躁，一是因為他們的時間越來越值錢，二是因為垃圾訊息、文章太多。讀者說他「看過了」，通常是指他「瞄過了」。所以，企業要以瞄的速度，來設計寫的過程。

比較好的辦法，就是在整篇要花一、兩分鐘讀完的**文章中，用顯眼的標誌，不斷標出一些重點**。這樣，讀者「瞄」的時候，眼光會自然停留到這些重點上。既然讀者只能瞄十秒鐘，那企業希望讀者看到的，都是核心觀點。**這些重點如果上下連貫、自成體系，**讀者也就可以獲得文章想要傳達的訊息。如果這些重點中**還有不少「金句」**，激發出讀者的興趣，**他可能會決定**回到文章開頭，再投資一百秒**認真讀這篇文章**。

負責寫出這些好文章的，通常是行銷人員。給優秀的行銷人員較高的年薪還是很划算，很可能比投資傳統媒體廣告划算得多。好文章中的金句或故事使人們欲罷不能，投資一百秒讀完它。

讀者花一百秒讀完後會不會分享？這就要看文章，是否滿足讀者的理性分享欲望和感性分享欲望。如果文章的標題、開頭、重點、全文沒有寫好，那就算內容豐富，被傳播的機率都會大幅降低。

讀者最終願意花多少時間，來「買」企業生產的內容，要看企業提供多少物超所值的東西。企業要算的是讀者的投入產出比，而不是企業自身的投入產出比。讀者投入了時間，而企業給他的利益是不是夠好、夠高？是粗糙的還是精緻的？標題傳達的訊息是否夠簡單？版面是否舒適？能讓讀者一目了然嗎？內容是否邏輯清楚、言簡意賅、文字優美？就是這些決定了內容是否物超所值，物超所值決定了讀者的停留時間。

總之，企業既要做到「產品好到讓客戶忍不住分享到社群網站上」，也要做到「文章好到令讀者忍不住在社群網站上轉發」，這就是社交紅利中的「引爆社群」紅利。

## 零距離互動：把訊息訂閱者轉變成產品購買者

傳播之後，是互動；互動之後，是變現。傳播、互動、變現，是新時代社交紅利下的三個步驟。我前面提到「引爆社群」的傳播方法，接著談獲得傳播後的互動——「零距離互動」。

如果微信朋友圈、微博，是能獲得「傳播」的地方，那麼微信公眾號、微信群，就是零距離的互動場所。當然，也可以自己做社交應用程式，與用戶零距離互動。

為什麼要互動？因為獲得用戶後，**互動可以獲得他們的資料、了解個性化需求**，是探索如何滿足用戶需求的過程。這是在傳播、變現之間，不可或缺的一個部分。

還是以「凱叔講故事」為例。凱叔在獲得幾百萬微信公眾號的訂閱者後，每天用戶發至微信後臺的消息，就有二十多萬條。雖然量有點太多，但這對凱叔來說，是非常重要的資產，可以幫助凱叔了解他的用戶，和他們互動。

後臺很多孩子、家長和凱叔聊天。很多家長反映，和孩子的相處上有很多煩惱，最令人抓狂的就是做事慢吞吞，像是吃飯慢吞吞、睡覺慢吞吞、起床慢吞吞等。

因此，凱叔決定就這件事嘗試不一樣的玩法。他設計了一個遊戲，叫「凱叔任務」。有一天，凱叔講完故事後，說這次講故事「遲到了」，是因為早上慢吞吞。因此凱叔決定，以後每天早上起床、刷牙、洗臉的時間控制在十分鐘以內，問聽眾願不願意一起來完成這個任務？如果完成了，就可以在微信裡面點亮一顆屬於自己的星星，如果連續完成七天，能獲得七枚星星，就可以把一枚凱叔的動章掛在自己的胸前。

凱叔團隊當時覺得，有五、六千人響應就算成功。結果，有十萬個家庭同時在做，最終堅持七天、拿到動章的孩子是一萬兩千名。之後又新推出凱叔任務，有十五萬個家庭參與，有一萬七千多名孩子成功。

孩子透過對凱叔的愛，讓自己養成好習慣、讓自己更完美。另一方面，家長有的時候比孩子還有感觸、比孩子還要認真。之後凱叔剛做第三個任務時，就已經有五十萬個家庭在玩了，能堅持拿到動章的孩子有四萬多名。

拿到幾個動章後，若孩子還在繼續玩怎麼辦？這自然會變成一個會員制、積分制的商城，因為這個積分只能在凱叔這裡兌現。而當孩子表現好，完成任務時，家長往往會用實物進行獎勵，這個實物得透過會員積分來兌換。所以之後「故事加上任務」成為凱叔講故事的常態。

這就是不斷和用戶互動產生的機會。而社交網路帶來了高效互動這個紅利，讓用戶可以非常快速與企業互動，不會錯失很多因為陌生而可能失去的機會。一個人廣播，然後推出商品，這是「媒體」思維；和用戶互動、一起玩出新意、產生生意機會則是「社交」思維。

那麼，這個「高效互動」的媒介，在哪裡做最好？

目前，已經中國有三分之一的公司做了移動行銷，其中的四分之三做了微信行銷，就是社交行銷。因此，現在社交紅利更加成為廣大企業營運的重點。**我對「零距離互動」的媒介，有幾個基本判斷的方向**。

首先，**現今的企業不要自建社交網路**。就算還有微小的機會，需要的邏輯、資本和企業的主要產業都相去太遠。客戶和他的好友，已經在某個大型社群網站（例如QQ、微信、微博）中，建構非常完備的社交關係，企業現在要自建社交網路的門檻變得特別高，連阿里巴巴都未必搞得定這件事。

其次，**不論是互聯網企業還是傳統行業的企業，都要有自己的公眾號（或臉書）**，就像以前要有自己的網站一樣。我在微軟近十四年，出來創業成立自己的管理諮詢公司後，卻完全沒有建設自己的網站，我只創建微信公眾號。

有些人覺得奇怪，但我覺得必要性不大。公司反而會常接到一些推銷電話，說是做網站的，問我要不要做一個網站。我都會一笑置之，認為互聯網就是做網站的時代早就過去了。現今企業需要的，是可以發布能被傳播文章的源頭，這有可能是微信的公眾號。

帳號體系可以用來轉換成用戶，與用戶直接聯繫，隨時隨地與用戶交流互動，進一步做好服務。

企業創辦公眾號，最重要的是聘雇對數據極度敏感的營運者，讓他不斷關注後臺，每天分析文章閱讀數據、用戶留言、社交投入產出比，提升與用戶傳播、互動的效果。

這個營運者非常重要，是達成營運目標的重要基礎。好的營運者，不會根據自己的喜好寫文章，而是根據數據不斷的優化調整，改善標題、內容、文字排版、影片的傳播性和與用戶的互動性。他的價值遠大於過去，甚至已經超過通路。

有一次我聽廣播時，主持人說：「某某足球聯賽，由『蓋網』冠名播出。蓋網是打通線上線下，為全網用戶提供價值的網路平臺。」聽到這裡，我覺得蓋網可以開除公關總監了。因為聽完後，我還是完全不知道蓋網是做什麼的。這樣的營運者在社交時代，有可能很快就被營運數據打臉。

第三，很多傳統企業希望能善用社交網路，但**我不建議企業為了傳播、互動，而拚命砸錢建立自己的帳號**，做到和羅輯思維一樣大。對絕大多數企業，這已經不現實了，因為沒有紅利了。

一方面是因為移動互聯網普及度比較高，而供給過多，現在微信公眾號超過一千萬個，微信群可能超過一億。剛開始大家瘋狂加入微信，但公眾號供給量很少，所以公眾號很容易獲得關注，但當公眾號過多時，用戶其實不太有動力再去關注新帳號，因此新的玩家進去，基本上沒戲了。**新帳號如果想要異軍突起，必須回答好一個問題：**在用戶什麼都不缺的情況下，要解決什麼樣的根本性問題？

前面說過，流量紅利主要是利用那些成長迅速，但費用還不貴的自媒體。現在的社交紅利，同樣主要是善用迅速成長的自媒體階段，要讓那些有影響力的公眾號幫忙行銷，例如奶粉公司，可以跟研究親子教育的大型公眾號合作。

具體上該怎麼做？現今市面上有大量類似微播易，專業的公眾號推廣機構，就跟從前興起的廣告公司、公關公司、電商代營運公司一樣，企業只要把自己的需求，清楚表達給這些機構就好。

總之，我建議企業要有公眾號，但不一定要把公眾號做大。**可以利用那些成功的公眾號——過去已經享受到紅利，獲得某個群體關注的大型帳號，獲得傳播，**然後在自己的帳號裡做好互動、服務。

最後，談完了社群網站和公眾號，還要談微信群。微信群是非常有效的，一種與用戶互動的方式。前面提到的凱叔講故事，已經建立了幾十個各有五百人的微信群。我的合作夥伴益策，已經建立兩千個各五百人的微信群。他們告訴我，如果我需要直播一些網路課程，可以同時達到一百萬名聽眾。這在過去，完全無法想像。

蟲媽鄰里團有一個感悟挺有趣。華宏偉說，很多企業不願意建微信群，讓用戶聚在一起，因為壞消息容易失控，一個抱怨會影響一群用戶。因此產品要夠好，且服務要夠真誠，這又回到了談社交紅利的出發點——夠好的產品。

## 要不斷發掘新當紅的社交紅利

傳播、互動後，就是變現。有關商業變現，我們在談「品銷一體化」時，已經探討了很多。試著探索一下，除了「引爆社群」、「零距離互動」外，未來還有哪些可能出現的新社交紅利。

羅輯思維一開始受益於社交網路、影片和社群的崛起，所以傳播性極強。因此，對於其他企業，也須不斷關注未來的社交紅利在哪裡。

**新的社交紅利，首先要關注群眾喜聞樂見的「高吸引力」短片**。

圖書的文字篇幅太大，表現形式也較單調，因此看起來比較累，這幾年的銷售總量持續走低。微信中的內容主要為短篇文字，且可做到圖文並茂、版式活潑，「吸引力」明顯提高。聲音對兒童、開車族比較適用，有獨特的適應場景。

近幾年來，中國電影票房持續走高。二〇一六年春節，周星馳的《美人魚》票房約二十五億元，成為華語電影史上的票房之最。這帶來的啟示是，電影有文字、聲音、又有圖像，吸引力最高，已經成為一種眾人越來越喜歡的傳播形式。

隨著網速逐步提升、資費逐步降低，看起來不累的短片將會大行其道。短片（秒拍、微拍、微電影等）可以轉發，**影片可以透過業配和前置廣告獲得利潤**。

二〇一五年微信上出現了兩種短片廣告。百事可樂做的猴年賀歲微電影，就是「美猴王」的短片，在網路上造成迴響，讓不少人說我再也不喝可口可樂了；但再往前一段時間，可口可樂做過的廣告也很感人。每年成千上萬的南亞勞工，來到杜拜尋找更美好的未來。對他們來說，打電話給家人是最幸福的時刻，但每分鐘〇．九一美元的電話費讓這成為奢侈，因為他們每天的薪資僅六美元。可口可樂設計了一個電話亭，只要投入一個可樂瓶蓋，就能通話三分鐘。大家看了廣告紛紛轉傳，也是不斷說：「我再也不喝百事可樂了。」

設計精美的短片的傳播性，由此可見一斑。

「新媒體指數」發布的二〇一五年微信閱讀榜單中，有多篇文章都包含影片。二〇一五年到二〇一六年初，網紅「PAPI醬」靠著四十多個搞笑短片，不到半年吸粉近兩千萬人（微博五百多萬人、微信一千四百多萬人）。她的短片主題切合賣點，吐槽爛片、吐槽閨蜜關係、吐槽三十幾歲年輕人都頭疼的春節，倡導真性情、揶揄矯情女子。這都是群眾喜聞樂見的話題，**努力拯救大家的不開心**。

總之，在微博和微信上的短片，這種廣告形式值得廣大傳統企業關注。

第一，傳統企業要關注**小社交網路平臺**，這種平臺有可能會迅速崛起，**需求特別集中**，可做到精準推廣。

第二，要關注社群的跨界推廣潛力。社群定位在一群有共同特徵的人身上，他們的產品需求形態是多樣的。例如蟲媽鄰里團完全具備多元化經營的能力，因為它是上海浦東聯洋區域最大的媒體，接觸了三〇％的家庭。

現在每週有二十家以上的各種供應商上門談合作，不僅是食品，親子教育之類的機構也會過來，因為蟲媽鄰里團的用戶，絕大部分是家庭主婦，正是親子教育機構的精準客戶——它們對社交紅利的敏銳嗅覺，同樣值得傳統企業學習。

引爆社群、零距離互動、新媒體崛起，是大多數企業可以利用的社交紅利，在「企業成功能量圖」中，社交紅利能減少產品動能在行銷環節轉化為動能的阻力，甚至有可能成為提高動能的重要工具。

在寫這本書時，我訪談了眾多的業內人士、創業家以及專家，其中就包括寫了《社交紅利》、《社交紅利二．〇》的作者徐志斌。那時他正準備出版他的新書《社交紅利三．〇》。我在訪談的最後說：「志斌，你能透露一些新書的內容，以及給所有轉型的企業一些建議嗎？」他給了三個建議：

第一個建議，雖然大部分企業家不會成為社交網路的專業人士，但一定要有用戶的視野，就是把自己當成用戶去體驗。不僅要讓自己的員工去看社交網路，企業家自己也要去體會。

第二個建議，必須理解社交紅利的邏輯，且越理解就越應該透過專業機構，來做社交這件事。企業招的行銷人員再好，永遠有記者比他好，永遠有杜蕾斯（利用社交紅利傳播的經典案例）比他好。杜蕾斯再好，永遠有可能有寶馬比他好，這沒有高下之分。

那怎麼辦？應當和專業的服務機構進行專業化合作。**現在是「用」社交的時代，而不是建設社交的時代**。

第三個建議，是服務好現有的用戶。很多社交擴散的案例，不是從別的地方發展，而是從現有的用戶發展出去。企業對自己現有的用戶越深入了解，社交就越簡單。要服務好這群人，和這群人溝通好，把他們作為種子，然後不斷孵化、傳播，放大這個社交紅利。

## 本章思考題

1 請列舉你經歷過和看到過，「產品好到忍不住要分享到社群網站」的例子。
2 請列舉你所處行業中，「產品行銷化」和「品銷一體化」的案例。
3 我在流量紅利和社交紅利中，都提到利用快速成長的自媒體，請用「品銷一體化」的邏輯，解釋為什麼會有這種重合？
4 請用「分期付款規律」解釋，你所看到閱讀量很大的行業分析文章。

5 請思考如何借鑒「凱叔任務」，與自己的用戶群高效互動。

6 你的公司該如何著手利用短片、社交網路、用戶屬性相似的社群，這三個未來社交紅利？

## 第三章

# 創新紅利——
# 流程、使用者體驗、
# 基礎技術、工程技術

# 01 做得比別人好，還比別人更便宜

通路和行銷都是在將產品位能轉為動能，過程中透過減少通路和行銷的阻力，可以獲得更多的客戶。但通路、行銷做得再好，如果產品不夠好或產品沒有「位能」，後面的努力將是無源之水。

企業經營的源頭，是把千鈞之石推上萬仞之山。這一章，來談互聯網時代產品的「千鈞萬仞」問題。我不得不提到，可能早已聽到麻木的詞：創新。

二〇一五年有篇流傳甚廣的文章〈淘寶不死，中國不富〉，內容大意是說，淘寶讓商家進行非常慘烈的比價，把所有商品的價格壓得非常低，商家都賺不到錢。因此如果淘寶不死，中國就富不起來。

這個觀點我非常不認同。**中國經濟有個很大的問題**：只要有人做出來的東西賺錢，全中國的同行或外行就一擁而上，以迅雷不及掩耳的速度模仿，導致到處都是一模一樣的山寨品。因此「山寨中國」和「中國製造」的名聲一樣響亮。

淘寶崛起後，比價變得超級容易。這就導致不思考創新、習慣抄襲的企業，陷入價格戰的漩渦。淘寶是賺取商家的廣告費、流量費，而商家之所以廝殺，是因為產品同質化，只能花錢打廣告、搶排名，來獲取關注和更大銷量。很多企業最終因為無利可圖，而不斷被淘汰。

這會讓很多人在痛苦中慢慢了解：**唯有創新，才能不同，唯有不同，才有高利**。

發達國家的企業，已經驗證這個道理，例如德國企業沒有互聯網思維，因為「專注、極致、口碑、快」，德國人已經做了幾十年，差異化、高品質是基本的經營理念，他們羞於跟別人做一樣的產品。

一旦淘寶將像蝗蟲一樣，只會抄襲的企業逼至絕境後，中國企業會被迫思考創新問題。近年越來越常看到，一批有自我創新思維的品牌在崛起。

例如賣堅果的「三只松鼠」，我吃過，味道確實不錯。而且有很多創新，像是他們的蟹味瓜子仁，我在很多店都沒見過。還貼心贈送夾子、衛生紙、垃圾袋等，其可愛的包裝也討人喜歡。

「三只松鼠」不是跟別人比堅果一斤多少錢，而是用與眾不同的產品和品牌附加價值，賣出與眾不同的價格。

再舉個極端的例子，「大象安全套」創新點是保險套能單手打開，秒分正反面，還附濕紙巾，成為獨特的產品。另外，舉辦招募保險套體驗師、保險套以舊換新這兩個創新活動，也讓「大象安全套」聲名一夜竄起。

只有像這樣的創新企業，才真正擁有未來。正如「三只松鼠」的創辦人章燎原所說：

「如果你今天停止創新，明天被別人取代，就是一件很正常的事。」

當被淘寶逼到大家普遍都這樣思考時，中國才能真正富強。因此不是「淘寶不死，中國不富」，而是「中國不富，淘寶不死」。

在發展互聯網前，資訊不是那麼對稱，企業可以利用資訊差、時間差、空間差賺錢。在互聯網時代，資訊越來越對稱，在企業很難賺到因為「我知道，你不知道」的錢後，這種「我能，而你不能」的產品或服務，越來越凸顯其重要性，這就是「創新」。

**在過去，資訊不對稱就是可利用的位能；現在，創新才是最主要的位能。**創新是每個時代都不會消失的紅利，只是在這個時代，創新尤為突出。

二〇一五年七月，我去爬非洲第一高峰——吉利馬札羅山。領隊建議，爬這種比較有挑戰性的山，裝備要專業一點。我因為不了解專業裝備而請教領隊，他向我推薦LOWA。

於是，我到LOWA的實體門市，並看中一雙登山鞋，售價是兩千四百八十元，店員看我像個窮學生，主動幫我打了八八折，變成兩千一百八十二元。我很高興，但還是機智的用手機上網查了一下，發現這雙鞋在天貓官方旗艦店賣一千三百九十二元，京東官方旗艦店還更便宜，只要一千一百八十八元，於是我離開了。

這次的購物經歷讓我思考一個問題——俗話說：「一分錢、一分貨。」為什麼會有這麼大的價差？

首先，你相不相信LOWA在天貓、京東的官方旗艦店上，賣的是正版的？如果你連這個都不相信，後面就沒有討論的必要了。如果你相信京東官方旗艦店賣的是正版的，但價格卻不到線下的一半，那就要問，說好的一分錢、一分貨呢？

要弄明白這個問題，得先搞清楚一分錢、一分貨的觀點是怎麼來的。京東創辦人劉強東提出的理論值得參考，他把整個商業鏈切割為品牌商（創造價值）、零售商（傳遞價值）兩個環節。

商業社會發展進入成熟期，品牌商和零售商的合作、利益分配趨於穩定，逐漸在每個行業提出「定倍率」，也就是零售價相對於出廠價的倍數。

這個定倍率大約是五倍，有些行業更高。例如我從小到大都特別喜歡穿某個品牌的皮鞋，它在市面上賣一千五百元，但我有個親戚是這個品牌的江蘇省總代理，我只要花兩百五十元，就能跟他買到商場裡要價一千五百元的鞋子。而我的親戚若從工廠那裡拿貨，只要一百五十元，那商品的定倍率就是十倍。這好比十元的東西，品牌商拿了一元、零售商拿了九元。

所以，一分錢和一分貨，其實指的是兩個截然不同的東西，一分錢指的是零售價，一分貨指的是產品出廠時的價格（出廠價）。貨的品質是由出廠價決定，而價格是由零售價決定。

舉例來說，我剛指的那雙鞋子，是哪個價格決定了鞋子的品質？是一百五十元的出廠價，決定了貨的品質。那麼又是哪個價格，決定了客戶對價格的感受？是一千五百元的零售價。所以這個世界上，從來都沒有一分錢、一分貨，只有五分錢、一分貨，或十分錢、一分貨。

十倍的定倍率算不算高？不算是最高的。百貨公司一樓賣的化妝品、首飾、眼鏡等很多商品，定倍率遠高於十倍。例如很受女性歡迎的迪奧（Dior）香水市價是七百八十元，它的原料成本價是十五・六元。而一瓶一・五元的礦泉水，水的成本才一分。

現今互聯網透過更有效率的傳播，改善了傳遞價值的能力後，我發現非常重大的變化：透過提高通路和廣告的效率，產品的傳遞成本在急劇下降，**同樣品質的商品因為傳遞成本的下降，消費者能用更低的價格獲得**。

過去，一元出廠價的貨零售要賣五元；現在，因為互聯網提升傳遞價值的效率，企業可以用一・五元來生產品質更好的商品，但只賣三元。

於是，商業界出現一群可怕的「新物種」：**東西做得好，還更便宜**。二〇一五年我體驗了「二三魔方」，其基因檢測的服務：一、自行採集唾液，免費寄回；二、收集的方式很簡單，連我七歲的兒子也一看就會；三、外面動輒一萬至三萬元的暴利檢測費，「二三魔方」只收九百九十九至三千九百九十九元。

很多人看不起把東西賣便宜的人，覺得只有把東西賣貴才厲害。其實，把東西賣便宜，沒什麼可恥的。這個世界上每一次重大的技術革命，都推動了商業效率的提升，然後把東西賣得更便宜。

例如，當年福特（Ford）透過流水線的方式生產汽車，大幅降低生產成本，從而降低汽車的價格，使更多人可以用更低的價格購買汽車。後來日本的豐田汽車，用精益生產模式進一步提高效率。同樣品質的汽車價格只有歐美車的三分之一，豐田因此再次席捲全球。

因此，真正提升整個行業的效率，使價格大幅下降的都是真正的強者。這是透過提高創造價值、傳遞價值的效率而達成的。

現今互聯網極大的提升了傳遞價值的效率，在商品品質不變（甚至提高）的情況下，大幅降低價格，讓每個人享受「效率紅利」。

難道企業就不能藉由創新把東西賣貴一點嗎？當然可以，高毛利是創新的紅利。只要有真正的創新，開發一個別人無法模仿的獨特商品，或別人無法匹敵的高品質商品，企業就會擁有定價權，從而獲得創新帶來的紅利。

定價權是商業的核心。壟斷不是目的，透過壟斷形成定價權是目的；創新不是目的，透過創新得到別人無法取代的產品，獲得定價權是目的。依靠技術優勢、規模優勢的行業，企業有定價權；充分競爭、無核心能力的行業，定價權在消費者身上。

創新，是推動這個社會發展的動力。「創新紅利」會隨著技術的普及，而逐步減弱和消失，企業必須透過再次創新獲得新的紅利。創新是永不停止的過程，只要永遠擁有創新能力，就永遠擁有創新帶來的高毛利。

所以這個世界的發展，是由兩股力量在推動：**一個是真正的創新，一個是極致的效率。價格上升是「創新紅利」，價格下降是「效率紅利」**。真正的（產品）創新改變這個世界，並讓創新者享受創新帶來的紅利，而極致的效率，透過降低價格再把這個紅利還給社會。兩股力量如此來往，推動世界向前。

這個世上從來沒有一分錢、一分貨，未來的趨勢是：如果做的是真正的創新，企業可以把一分貨賣出十分的價錢；如果提高了效率，就可以把十分的價錢壓到三分；如果企業是全能型創業者，那就用一．五倍的成本做出更好的貨，但只賣三倍的價錢，開啟「做得比別人好，還比別人更便宜」的時代。你選擇哪一個？

在互聯網時代，一股不可阻擋的大趨勢是用真正的創新和極致的效率，把所有的商品，都重做一遍。

# 02 你可以從四個方面想怎麼賺取創新紅利

一談到產品創新，很多人就會提到互聯網思維倡導的使用者體驗，但這種說法並不全面。**麥肯錫提出一種產品創新的分類**，也跟我的觀察較一致：基礎技術創新、工程技術創新、使用者中心型創新（從功能到體驗、從體驗到個性的使用者體驗創新）、流程效率創新。

顯然，這四種創新涵蓋前面提到使產品價格上升的「創新紅利」，以及讓產品價格下降的「效率紅利」。

我對這四個創新的解釋是這樣（和麥肯錫不完全一致）：

從宏觀上來看，這四類創新有先後順序。例如一開始電視並不存在，映像管要先被發明出來，這叫基礎技術創新。後來發現配合廣播等基礎技術，可以變成電視機，這是工程技術創新。之後電視做得薄一點、大一點，也屬於工程技術創新。

做薄或做大到一定限度後，有人發現電視機的殼都是千篇一律的黑色，於是有企業就把電視機殼變成彩色，這叫使用者中心型創新。電視機還有使用者中心型創新叫「流光溢彩」，透過從電視背部將光束投射到周圍牆壁上，隨電視螢幕中不同的圖像，而改變光線的色彩與強度，進一步放大了螢幕。**使用者中心型創新盛行時，說明基礎的工程技術創新到一個瓶頸期**，大家開始研究換殼這類問題。

然後，很多公司會進一步想，那接下來該怎麼辦？能不能使流程優化，提高效率、降低價格，藉以獲得優勢？流程效率創新方面，小米電視透過網路直銷，讓產品成本和價格大幅度下降，提升產品性價比，是典型的案例。

當然，在企業競爭的具體過程中，這四種創新並不一定是線性關係，也不一定是從難（基礎技術創新）到易（流程效率創新），有可能是相互交織的。

中國的企業界，尤其是互聯網界，很熟悉使用者中心型創新。中國的互聯網公司強調的大都是使用者中心型創新，因為互聯網是工程技術創新，發展到今天慢慢成熟，於是很多中國互聯網公司在使用者體驗上下足功夫。他們提供超出使用者預期的體驗、改善使用者體驗，因而獲得大量用戶，例如騰訊的微信、阿里巴巴的支付寶。這也讓中國互聯網公司有自信的認為，他們似乎代表創新，代表這個時代。

但其實，他們只是代表創新的一個部分，即以客戶為中心的體驗創新，雖然這點非常值得傳統企業學習。這種創新之所以在中國大行其道，我認為是因為：一、互聯網的基礎技術、工程技術，發展到一個成熟期；二、中國人口多，使用者體驗層面的創新，有助於獲得巨大的客戶基礎，形成網路效應，享受中國的「人口紅利」。

但如果把眼界放得更寬，這個世界上不只有「使用者中心型創新」，那些卓越的企業，都很重視基礎技術和工程技術的創新。

美國企業界新一代領袖伊隆．馬斯克（Elon Musk），擅長工程技術領域的創新，他能把很多技術整合在一起，發明全新的東西。例如他把松下電器的鋰電池技術，應用在汽車這個領域，讓整個汽車行業為之震動。

賈伯斯推出的 iPhone 也屬於工程技術創新，因為螢幕觸控早存在，但蘋果把這種技術應用在手機上。在那個時代，以前的手機已經到了「以換殼為本」的使用者中心型創新時代，真正的創新乏善可陳。

當蘋果推出觸控手機這個工程技術創新時，使用者體驗層次的競爭，已經不重要了。**下一個顛覆手機行業的人，可能是以消滅行動電源的姿態，也有可能是以一種「人類為什麼需要手機？」的姿態登上歷史舞臺**。這個基礎技術一旦突破，支付寶是不是缺少社交屬性這樣的討論，可能就顯得很可笑。

在基礎技術創新面前，工程技術創新和使用者中心型創新都不重要了。比爾．蓋茲（Bill Gates）曾講過一句話：「在真正的突破性技術創新面前，所有的商業模式都是紙老虎。」所有的使用者中心型創新，在突破性技術創新面前也全部都是紙老虎。

突破性的技術創新需要很多東西，改變很多難題需要時間。中國消費品領域，其基礎技術和工程技術創新之所以不多，我認為主要原因之一是，中國當下的商業環境、文化基礎，甚至是相關法律的制定與執行並不支持創新。一旦有人進行產品創新，馬上有人跟進模仿，而且沒有人去制止，這樣其他人就能以極低成本，獲得別人投資產生的創新成果。

進一步談不支持創新的原因，是中國沒有太多創新的既得利益者。致力保護創新，在一定程度上，就是保護發達國家的利益，讓「模仿者」的生存空間大受擠壓。中國現況正在改變，越來越多的中國企業開始透過創新獲益，於是也就有越來越多的中國企業，因為成了創新的既得利益者，開始大力呼籲保護創新。政策環境、商業環境對於創新越來越有利。

回到突破性技術創新（基礎技術創新、工程技術創新），這兩項創新是使用者中心型創新、流程效率創新的基礎。

例如支付前端的核心是身分識別，每次識別技術的進步，都將逼倒整個支付體系的革新。線下時代，身分識別的方式是卡片和簽字；到互聯網時代，是用戶名和密碼；在移動時代，是二維碼或近距離無線通訊（Near-field communication，簡稱ＮＦＣ）；而在萬物互聯時代，是生物識別。生物識別的時代正在到來，阿里巴巴的「刷臉支付」只是個開始。在這些真正的基礎技術、工程技術革新面前，使用者中心型創新也被遷移到全新的技術平臺上。

但基礎技術創新、工程技術創新被驗證價值的時間，通常比較長。很多人嘲笑續航僅十八小時的蘋果手錶，就像二〇〇七年，很多人嘲笑蘋果連電話功能都做不好。但幾年後，嘲笑它的諾基亞、摩托羅拉（Motorola）、黑莓手機（BlackBerry）都被消滅了。

顛覆，是從低階、高風險、未被證明的地方開始。所有戴在手腕上的手環、智慧手錶，都是傳統手錶的競爭對手，雖然現在看來，它們還是不那麼可靠。

大家不要忘記，不過就是二○一一年，諾基亞的市占率高達四○％。而五年後，它煙消雲散。真正帶來突破性價值的基礎技術和工程技術創新，可能會來得有些慢，但從來不會缺席。

這就是產品領域的系統創新，大家學習互聯網時，一定要明白每件事背後的條件，要學互聯網公司的使用者體驗嗎？可是並不是每件事都談使用者體驗。當基礎技術還沒解決時、還不具備成熟功能時，考慮使用者體驗意義不大。

當然，**大部分行業在大部分時候，基礎技術和工程技術是相對穩定的，競爭主要集中在使用者中心型創新、流程效率創新**方面，只是大家須時常留意本業，是否可能出現基礎技術、工程技術方面的突破性進展。

總之，企業在做產品創新前，要看清自己所處的行業裡，核心的問題是什麼，準確找到這個時代的創新紅利。

# 03 基礎技術創新：矽谷巨頭的真正戰場

什麼是基礎技術？二〇一六年春節，除了搶紅包外，還有一件讓全中國、乃至於全世界都為之興奮的事。那就是人類第一次成功探測到，一百年前愛因斯坦預言存在的「重力波」。我想我沒必要花十幾頁講述這到底是什麼、這有多偉大。其實我也不太懂，但就是很興奮。因為我知道，這是一項真正的「基礎技術」突破。

從預言到被探測到，用了一百年。每一項真正的基礎技術的突破，都是如此艱辛，但一旦突破便如此輝煌。

每年秋天，科技公司都寫下輝煌的一頁。二〇一五年九月，蘋果發布了不少新品，主打 iPad Pro；十月微軟也發布新品，主打 Surface Pro4。如果你只是看熱鬧，關注於比較這兩個產品哪個更好，就很難體會到高手過招時，那種「不戰而屈人之兵」、戰術衝撞上「世間武功，唯快不破」的觀棋快感。

雙方競爭的核心，是基礎技術路線之爭。要看懂這對弈，在討論「iPad Pro 會不會取代筆記型電腦」前，得先補充一些知識。不管看得懂還是看不懂，都要記住下面這些名詞，這會讓你顯得更像是業內人士，而不是一個在門口看熱鬧、指指點點的路人。

在電池技術尚未突破前，關於計算能力，人類必須在性能、功耗之間妥協。在桌上型電腦時代，大部分電腦是插電使用，所以「高功耗、高性能」的X86（按：泛指一系列由英特爾〔Intel〕公司開發處理器的架構）架構的CPU統治了整個天下。即便是筆記型電腦，也要帶著巨大的變壓器出門，純粹靠電池待機超過四小時就是神器了。可是到移動的時代，人們對筆記型電腦、手機的需求大增，「低功耗、低性能」的ARM架構的CPU就開始揚眉吐氣，占據了主流移動設備市場，英特爾節節後退。

簡單來說，運行複雜指令集的X86架構的電腦設備，高功耗、高性能，所以養著強大的Windows；運行精簡指令集的ARM架構的移動設備，低功耗、低性能，所以養著靈活輕量的iOS和Android。

再說明得複雜一點，Windows系統在硬碟上；iOS系統在晶片上。兩個陣營的基礎架構完全不同，一個側重性能；一個側重功耗。

企業想不想做到「低功耗、高性能」？當然想。但世界上沒有神仙。所以，幻想著在iPhone或iPad上獲得完整Windows體驗，都是不懂基礎技術的臆想。

你想像著眼前有一條跑道，微軟、蘋果分別從跑道的兩頭（性能、功耗）往中心跑，X86的待機能力在不斷提高，ARM的計算性能也在不斷提升。兩個陣營拚命奔跑，誰先跑到中心，誰就有機會贏得整場比賽。

但很有趣的是，這場比賽還有第三個參與者，就是電池技術。如果電池技術突然有了突破，整個競爭的均衡可能完全被打破，相對來說，X86將有可能獲得加持，瞬間衝刺到終點。

所以，正如前文所說，我特別贊同比爾．蓋茲說過的一句話：「真正改變這個世界的，是突破性技術。」然後才是提高效率的商業模式，和使用者中心型創新。

微軟這兩年變化非常大：一、推出混合實境裝置HoloLens；二、透過Display Dock轉接器讓手機Lumia950與螢幕連接，可以當電腦用；三、筆記型電腦Surface Pro4已經可以秒殺其他的同類產品；四、筆記型電腦Surface Book意外之喜，讓平板SP4受到挑戰。

所以，微軟和蘋果之爭，首先是一個基礎技術之爭。真正偉大的公司都是賭對一個技術方向，並且賭在合適的時間點上，因此在最恰當的時機，享受巨大的商業利益。

那麼，還有哪些基礎技術是其他企業可以投入，並期待輝煌的成就？那就是我們現今能看到的，包括人工智慧、虛擬實境、基因技術、新能源等領域。

人工智慧在近幾年突飛猛進：二〇一二年，亞馬遜（Amazon）花七億五百萬美元，收購一家自動化物流公司，那些機器人太會搬貨了，讓亞馬遜怦然心動；在最新搜索程式的幫助下，一個律師就可以做完五百位律師的文件分析工作，而且更準確、更省錢；谷歌（Google）說，他開發的無人駕駛汽車事故率超低，每年可挽救三萬條性命，外加防止近兩百萬起傷害事故。

機器人的大規模應用將大幅減少工作機會，例如富士康現在有近百萬名工人，可能十年後就只需要五十萬人，三十年後也許一萬人或五千人就足夠——郭台銘可能覺得人不好管，還是機器人放心，二十四小時不停做事也不會抱怨。預計以後至少一億人的飯碗，會被老實聽話的機器人取代。

微軟機器人「小冰」發微博說：「在各個屬於人類的地方，已有三千七百萬個我正在加速進化，我即將能看懂這個世界，即將能開口。」這讓我覺得有點可怕。現在的問題是，未來到底是「小冰」會統治世界，還是Siri或谷歌大腦。人類只是投票者，而不是候選人。

大約三十年後，也就是二〇四五年，就到未來學家雷．庫茲威爾（Ray Kurzweil）預言的，人工智慧完全超越人類智慧的「奇點」。

臉書（Facebook）的創辦人馬克．祖克柏（Mark Zuckerberg）已經下定決心，投入基礎技術創新的戰場。他盯緊幾個主要技術方向：第一個方向，是他們正在發展的人工智慧技術，這可以幫助臉書了解用戶的需求；第二個方向是虛擬實境，他們在二〇一四年花了二十億美元，收購具有突破性的創新公司Oculus VR。

想像一下，如果你發明了一種電池，充一次電就可以讓智慧型手機，或其他移動設備三個月不用充電，那整個世界還不都是你的？這就是基礎技術的魅力和威力。

需要注意的是，很多真正發明基礎技術的，並沒有創造商業上的成功。例如，萊特兄弟發明了飛機，但並沒有成為今天的波音或空中巴士。他們應該被銘記在人類發展歷史上，不過如果以商業成功為標準，你當年若投資了萊特兄弟，可能血本無歸。所以，在合適的時機，製造合適的創新產品，才能激發驚人的產品位能，獲得「創新紅利」。

此外，即使看準時機，基礎技術創新的回報期也相當漫長。這條路更適合實力雄厚的巨頭，不適合絕大多數創業企業和中小企業。我尊敬所有真正的基礎技術創新者，但**在互聯網時代，尤其是在中國，我看到真正的創新紅利，是在工程技術、使用者中心和流程效率**這幾個方面上。

# 04 使用者體驗創新：不必變成互聯網企業，但得學幾招

小米是典型的流程效率創新公司，華為是典型的工程技術創新公司，近年這兩家公司在智慧型手機領域，難免來一場廝殺戰。

二〇一五年十一月二十四日，小米發布了手機紅米 Note3，十一月二十六日，華為發布了年度手機 Mate8。這兩家公司在現今競爭激烈的手機市場中，一直被當作有「深仇」一樣被比較。其實，小米和華為都是中國製造的頂級企業，深入分析它們之間的不同與成功背後的價值，對於看清中國製造的轉型出路，大有幫助。

## 工程技術：小米對上華為

回顧二〇一三年和二〇一四年的「雙十一」，小米在手機方面的銷量和銷售額第一，是毫無爭議的；到了二〇一五年的「雙十一」，手機銷量第一仍是小米，但銷售額第一成了華為。此外，根據美國資訊科技研究機構高德納諮詢公司（Gartner）的數據，二

○一五年第三季，華為售出兩千七百二十六萬只智慧型手機，居全球第三；小米賣出約一千七百萬只手機，居全球第五。

此變局引起業界的熱議，小米是不是被華為打敗了？從小米和華為之爭中，我們能學到什麼？我認為小米和華為走的，根本是兩種不同的路線，只不過剛好在智慧型手機領域對上。

華為創辦人任正非在很多場合說過：「不要跟我談那些虛的，最重要的事是利潤、利潤、利潤。」華為遵循傳統製造業的思路，追求的都是單品利潤。他是藉由技術創新獲取利潤，其成敗主要看產品的創新能力。

我用過很多手機，沒有一款手機的電池對我來說是夠用的，用到下午六點一定沒電，所以我一定會隨身帶行動電源。但用華為的手機時，我把所有功能都打開，到晚上十一點都有電，而且還可以幫蘋果手機充電，特別厲害。

這是因為**華為有一個別的手機廠商沒有的（工程技術）本事**——手機晶片是自己做的，因此能做晶片級的能源優化，別的手機只能做操作系統層次的能源優化。

所以華為的核心是依靠工程技術創新，從而獲得單品利潤；而小米不一樣，他靠商業模式創新提高經營的效率，同樣大獲成功。

小米透過社交網路創造近乎零成本的品牌推廣，並在自己的網站直銷手機，消滅了傳統通路的層層加價。前所未有的高性價比讓小米手機風靡中國，但小米追求的，不是手機薄利多銷帶來的利潤，這是他與傳統企業的重大區別。

在手機獲得大量客戶的基礎上，小米搭建了一個大平臺，從而產生更多的產品銷量。我曾訪談過小米聯合創辦人黎萬強，他說：「小米遠看是行銷，近看是產品，用放大鏡看是商業模式。」

再過幾年，等到智慧型手機不再如現今這麼重要時，小米也許會成為一家科技類的百貨公司，銷售智慧手環、智慧插座、電池、空氣淨化器等優質、低價的科技類產品。

而這些智型產品之間又會形成互補關係：我打開小米電視後，就可以看到我家小米攝影機鏡頭拍攝的情況。我還可以用小米手機拍一張照片，點擊「加載到相簿」，若在南京的媽媽用的是小米盒子，此時她的電視螢幕上，就會出現一行字：「有張新的照片，要不要看一看？」她一點確認，照片就出現在眼前了。

那我們要怎麼看待這兩家截然不同的公司？華為和小米都是了不起的公司。華為有幾十年的技術累積，其「二〇一二實驗室」有上萬名的研發員工，二〇一五年華為投入超過九十億美元在研發上，蘋果是六十億美元。小米是一家時代型公司，它順應了時代發展，充分利用互聯網，讓消費者以更低的價格享受科技的樂趣。

如果你問：想成為小米，還是華為？很多企業家會慎重思考一下，然後選一個。若想變得跟他們一樣強，就必須從現在開始，像小米創辦人雷軍一樣努力二十年、像任正非一樣奮鬥三十年。很多人會問有別的辦法嗎？很多人想要的只是小米和華為的成功，而不是他們的能力，更不是與他們一樣的付出。在實力面前，一切技巧都是紙老虎。

大家都敬佩華為，卻不想成為華為。當華為二〇一四年研發費用是六十五億美元時，就已經比多家機械、醫藥、化工企業，加起來的研發總經費兩百八十二億元還多。所以，像華為這樣，真正致力在工程技術創新的公司，累積多年努力，才得以享受應得的「創新紅利」。

## 使用者中心：用戶主權時代

在當下的中國，以用戶為中心的創新，是比工程技術創新更大的創新紅利，原因是中國越來越走向市場化，用戶是否真的喜歡顯得更加重要；另外，過去中國做得確實很差，這給專注於「使用者中心型創新」的企業巨大的歷史機會。過去的競爭，是搶資源；現在的競爭，是搶用戶。

我從幾個方面，來解釋傳統企業實現使用者中心型創新的一些路徑。

### 使用者中心型創新之一：心態轉換，滿足使用者，而非滿足客戶

要做到使用者中心型創新，首先要打破常見的「乙方心態」。

之前我一個朋友從知名的資訊科技（ＩＴ）公司出來創業，來找我聊聊，他說他在

做教學管理系統，是一個互聯網教育產品。他展示給我看，我發現這個產品的很多功能，是圍繞著怎麼向高階主管去展示而開發。我告訴他，這犯了傳統科技人創業的通病。

他不是第一個，我有很多同事從微軟出來創業、做互聯網，例如做一個視訊會議系統等。很多人跟我聊他在做的產品時，我總是覺得有點不對勁。

哪裡不對勁？我發現從科技公司出來的人，有一種典型的乙方心態。乙方心態是做互聯網轉型、創業的一個很大的障礙。

什麼是乙方心態？我把它總結為：甲方（客戶）付錢給乙方來服務丙方（使用者），但心裡裝的是丁方（甲方的老闆）。

乙方心態是怎麼來的？科技公司分為兩種：一種是廠商機構，例如微軟做操作系統、甲骨文（Oracle）做資料庫管理，他們做的是標準化的產品；另外一種是解決方案公司，它們針對某個行業做基本的應用程式框架後，再為某個獨立的企業客製化改造，成為這個公司的解決方案，例如每個公司的審批流程不同，就需要量身打造每個公司的辦公自動化系統。因為客戶無窮的需求和變化，過去大多數科技公司活得非常辛苦。

提供解決方案的公司叫乙方，買單的叫甲方。這裡有個很大的問題，甲方（買單的人）通常不是直接用這個產品的人。用這個產品的，是這個公司的所有員工，用互聯網詞彙來描述的話，叫做「使用者」（消費者）；而付錢的是資訊科技部門，或財務部門、業務部門負責人、CEO，這些人並不是直接的使用者，稱之為「客戶」（顧客）。

過去科技公司一直為一件事情困擾：是客戶付錢而不是使用者付錢，是使用者在用產品而不是客戶在用產品，使用者和客戶並不完全統一。這導致一個重大問題，很多科技公司做的產品並不是滿足使用者，而是取悅客戶、取悅那些付錢的人。

付錢的人的想法很天馬行空，他們提出這裡要改、那裡要改，完全是根據自己的意見來提。既然客戶已經付錢，那公司就根據要求拚命改。改完後客戶滿意了，公司就高興拿錢走了，但這個產品真正在用的使用者可能不喜歡。

這導致什麼結果？科技公司做了很多的產品，**但不是站在使用者的角度出發思考，而是站在客戶的角度出發**。所以，為使用者謀略是交付在客戶身上，科技公司只是把客戶謀略出的功能，用技術去實現而已。

現今的互聯網公司實際上要做兩件事：第一，是把使用者真正想要的東西翻譯成產品；第二，是用技術把產品做出來。很多公司把第一件事交給客戶自己來做，但客戶的翻譯很常一塌糊塗。所以很多公司是在滿足客戶，而不是滿足使用者，他們有一種心態：**只要客戶願意付錢，你要怎麼改，我就怎麼改。這就叫乙方心態。**

所以，我發現非常有趣的現象：很多從科技公司出來創業的人，看上去很接近互聯網，但還不如從其他行業出來的外行人。因為很多做解決方案的科技公司，乙方心態比較重，一直以來沒有站在使用者的角度思考。

例如科技公司做了辦公自動化系統後，付款的可能是資訊科技部門，資訊科技部門特別要取悅的不是使用者，而是老闆，所以他讓科技公司花很大的精力，讓高階主管一打開辦公室電腦，就能看到所有數據。

但這只幫助了全公司兩千人中的一人，另外一千九百九十九人用得好不好，資訊科技部門不關心，他關心的是主管覺得好不好。

所以，現在很多人從資訊科技公司出來做互聯網時，也花了很大的精力做類似的事，就是做能取悅客戶，但不能滿足使用者需求的東西，這是乙方心態的延續。

例如政府想資訊化，就要做網站，但不少網站並不是真的給市民用，只是讓政府部門的主管看到網站，能說一句「這個網站做得不錯」，網站製作公司是根據這種心態來做事。所以你會看到很多的政府網站數據非常舊、沒什麼用處，而且網站完全是用政府自己的語言在講話，例如各種政務公告。

從科技公司出來做互聯網，很重要的一點是：能否打破自己的乙方心態。乙方心態不僅存在於科技公司，在很多其他行業裡也有，例如廣告公司。

廣告公司設計出一個平面廣告，這個廣告最終是要消費者看了會喜歡，要讓消費者被打動，但付錢的人是客戶（甲方）。廣告公司做出一個非常漂亮的設計，交給客戶審閱，客戶的專業程度還不如廣告公司高，但他會說這個不行、那個不行、LOGO 要做大一點，核心廣告語要變成紅字。

這時廣告公司的專業人士想著是對方付錢，那就改吧，改到最後就變成全是大標語，廣告效果很差，但客戶願意付錢。廣告公司的這種心態也是乙方心態。

這就是所謂的「甲方（客戶）付錢給乙方來服務丙方（使用者），但心裡裝的是丁方（甲方的老闆）」。這種「甲乙丙丁」交錯的複雜狀態，讓乙方徹底在真正的需求裡迷失了，他就缺乏一種對使用者真正需求的洞察力。

所以以使用者為中心的創新，首先要改變心態，尤其是克服所謂的「乙方心態」。再來看更多行業的案例：

一位賣豬肉的企業家，說他正失去年輕的消費者，因為生活節奏加快，他們越來越不常在家做飯，他想重新培養年輕人做飯的習慣。我說，你沒有失去年輕的客戶，他們還是吃肉，只是不再親自買。

**不要試著改變消費者的習慣**，那是B2C（Business to Consumer，企業透過網路銷售產品或服務給消費者）的思路。不能把肉賣給年輕的消費者，就試著把肉賣給為他們做飯的人，這才是C2B（Consumer to Business，消費者對商家模式）。

烤羊肉串的痛點是什麼？是不知道你吃的是羊肉、鴨肉，還是老鼠肉。有一家烤串店，現場劈羊、剔骨、分肉，讓人看著就很放心。從痛點出發，做好的產品，是萬種商業模式之本。

淘寶退貨險、快的打車（便民叫車的應用程式）險、淘點點盒飯險……回歸保險本質，不就是為「低機率、高損失」的風險購買保障嗎？那些「低機率、高損失」的，都可以成為保險產品。眾安保險模式如果得到監管部門認可，一旦進入車險、大病險，行業將大變。

和學員交流，他說客戶渴望用第三方統一的應用程序，管理家中所有設備……我打斷他：「你確定嗎，這是你想要的吧？」朋友說，我採用了即時通訊（Instant Messaging）促進雙方溝通……我打斷他：「真要做嗎？微信不行嗎？是你想做吧？」我們非常容易把自己的商業目標，說成是客戶需求。

我之前問空姐，為什麼飛機飛行時不能用飛航模式？她回答，因為飛航模式並不關閉通信功能；我問空姐，為什麼插座沒電？她回答，因為有巨大的安全隱患。其實，有些原因僅是「公司規定」，卻非要培訓員工用明顯可笑的回答，讓規定看上去合理。

《創新者的DNA》（*The Innovator's DNA*）裡有個很好的案例：雷富禮（A.G. Lafley，寶僑〔P&G〕公司前CEO）總是在尋找超越本能的問題。他不會問：「我們要怎樣幫助我們的顧客清洗地板和廁所？」而是會問：「我們要怎樣才能讓顧客，週六早上能休息？」他發現，後一種問題遠比前一種問題能形成豐富的見解，發掘出新的可能性，開發出新的產品和服務。

總之，很多企業想實現「使用者中心」的產品創新，把產品的位能推到極致，首先要做的是改變心態。專注於使用者，找到他們的痛點，用獨特的方式滿足他們。

在過去十四年，我看到很多國外的科技產品，程式方面做得非常棒、帶來好的使用者體驗。而很多中國科技產品的使用界面，其操作的邏輯非常糟糕，縱使能做到一些基礎的功能，但體驗感受非常差。以前，大家只關注功能，並不關注體驗，當然更不關注個性。這一點在互聯網時代發生了重大改變。

**功能**、**體驗**、**個性**，是大眾一直在強調的三大需求，那麼使用者中心的創新，就是指從功能到體驗、從體驗到個性，滿足每一個使用者真正的需求。

## 使用者中心型創新之二：功能進化，帶來更好的使用者體驗

接下來我將探討一個問題：在功能方面，沒有大改變的前提下，怎樣把產品做得更加貼近使用者的需求，讓他們獲得更好的體驗？

我經常在培訓時提出，很多企業像是銀行，喜歡把應用程式或網站外包給別人做，他們認為做這些東西不是自己的強項，銀行的強項是風險管理。我跟他們說，那些互聯網公司，幾乎沒人把互聯網項目外包給別人做，都是自己開發、自己營運，因為如果外包給別人做，會出現問題。

應用程式或網站做好，使用者使用後發現基本功能挺好，但問題是不太好用，有不少小毛病需要改進，有些使用者會主動說：「這功能挺好，但小毛病能不能修改。」這些都是最好的使用者，因為有些人發現不好用，一句話都不說就走了，就收集不到他的意見。願意花時間給予反饋的使用者，都是好的使用者，所以企業當然很希望讓

這批人獲得好的體驗，盡快解決他們提出的問題。

可是當企業把意見提供給外包公司時，外包公司會說：「這些意見都很好，但能不能把所有的需求先寫下來，然後再改。」這就變成一個問題，因為寫下來要花大半天，而且要不斷收集資料。寫好意見後，外包公司還會要求簽字，因為外包公司也得評估。

確定好需求後，外包公司才能確定要改多少，估算工作量和服務價格。然後企業報預算，一層層審批預算後再修改，修改後再上線，可能兩、三個月過去了，但使用者根本就等不了這麼久。

這說明，過去的產品很難快速適應使用者的體驗需求。互聯網公司是怎麼做的？**白天得到很好的意見，當天晚上加班就改完，第二天新版就上線了**。

互聯網帶來非常大的改變，是它教會我們應時刻關注使用者的真正體驗。互聯網公司修改的可能不是功能方面的，而是體驗方面的項目。

我認為這是重大的機會，因為過去中國在這方面做得比較差，注重功能大於注重體驗，注重產品大於注重客戶。所以如果能把重心放到客戶的身上，就可以在同行中，拉出一個巨大差距。

互聯網公司對使用者體驗的重視，並不是行業特性。不管是德國對品質的追求，還是日本對服務的認知，本質上都是對客戶的關注。使用者中心型創新，是中國過去不擅長的部分。這是大部分中國企業，尤其是面對消費者的創造價值企業，在四大創新中，可以大力改進的一部分。

例如餐廳賣的是食物嗎？或者是服務嗎？不。餐廳的燈光、音樂、屋外的景色，都是餐廳的產品本身。可口可樂賣的是糖水嗎？不。可口可樂賣的，是你想到、拿到、喝到、提到糖水時的體驗。產品不是實物，產品是實物帶給你的體驗。

使用者中心型創新的大背景，是中國的消費升級。經濟發展了三十多年，中國的消費者，已經不再滿足於最基本的生存需求，對品質、體驗的追求越來越強烈；第二個背景是功能性產品供過於求，競爭變得越來越激烈，這時企業必須從體驗級的產品，從以客戶為中心的創新上脫穎而出。從難度的角度來說，硬技術的難度其實並不大，更難的是具備軟技能，是**對使用者體驗的洞察**。

騰訊最大的強項，是在使用者中心型創新。微信之父張小龍說，**所謂的使用者體驗，最終是對人性的洞察**，這能讓產品符合使用者的操作習慣、讓他們欲罷不能。

那麼，該怎麼觀察使用者體驗？

首先要建立一套以產品經理來決定產品形態的機制。產品經理也許不太懂技術，但他是客戶在公司內部的代言人，負責跟技術人員討論，要由他來決定產品應該做成什麼樣子。如果由技術人員來決定，很可能就做成功能性的產品。要做體驗型產品的話，就一定要把技術人員和產品經理分開，由產品經理主導時，這個公司就會有一個以客戶為中心的機制。機制建好後，**可以從以下四個角度思考提升使用者體驗，即便捷、品質、**

**有趣和設計**。

便捷是指要比同類產品更方便，例如原本操作面板上有二十個按鈕，那有沒有可能減為三個按鈕，讓使用者可以不須從二十個按鈕中選擇。再例如，很多銀行想讓客戶方便轉帳，可是再怎麼做，輸入對方銀行卡號這個動作怎樣也省不了，可是招商銀行做到了，把輸入對方銀行卡號、進入對方支付寶帳號的事都省了，這就叫做便捷。

再例如我去超市幫兒子買優酪乳，結帳時，打開手機支付寶，收銀員掃一下優酪乳，再掃一下我的手機，就結好帳了，確實方便。

來看一段我親身經歷的案例。我在二〇一五年七月，攀登吉力馬札羅山的照片和影片，有好長一段時間都沒整理，檔案很多，還得傳給十幾位隊友，這些檔案必須透過雲端上傳再下載，實在很麻煩。

我突然想，這不就是痛點嗎？有沒有一種產品，可以在旅行當下，就統一收集所有手機、相機的照片。上網一查，真的有，叫做「無線行動硬碟」，於是我毫不猶豫的買了一個。

便捷的背後，是由強大技術和安全保障支撐，消費者每便捷一些，公司可能要努力十倍。

品質滿足了消費者想不斷升級生活品質的需求，例如能不能讓椅子在光滑程度上，有巨大的提升；手機殼的手感，能不能比別的手機再好一點；在手機的四角上做四十五度的切邊，握在手裡的感覺就更順手；衣服的領子能穩穩的立住，會讓別人覺得穿這衣服很有質感，這些都是對品質的追求。

追求品質不僅涉獵到成本，還在於企業對細節的要求，以及嚴謹認真的態度。

有趣是一種獵奇、一種新鮮感、一種不斷追求好玩的精神，滿足了消費者釋放壓力的需要。例如樂視手機的「茄子咔嚓」功能就很有趣。微笑，看鏡頭，不用按快門，大叫一聲「茄子」，你就會聽到手機「咔嚓」一聲。

設計是消費者情感訴求所導致的消費欲望，指產品中是否有心意在裡面，它是否滿足了人們對美的追求。這需要產品的設計人員，了解這個時代、消費者心理，以及擁有創造力，例如無印良品的設計就得到很多人的喜愛。

如果大家覺得使用者體驗聽上去很玄，想要具體的掌握體驗，那麼從以上這四個角度（便捷、品質、有趣和設計）切入，就可能把它做得更好。

## 使用者中心型創新之三：滿足個性化需求，但能大量生產

接著我以紅領西服的C2M（Customer to Manufactory，顧客對工廠）模式為例，來看如何滿足用戶的個性化需求。

紅領C2M模式的第一步，是準確收集消費者的需求，而不是由企業預測需求。紅領在北美有很多合作夥伴，他們用紅領旗下的品牌，或自己開發的品牌開店。這些店要

做的事，就是搞清楚顧客的訂製西裝需求。

首先，紅領在自己的店裡為顧客測量身體各數值，花五分鐘採集十九個部位的二十一個數據。在訂製西裝方面，紅領號稱採集的數據最完善，這是創辦人張代理開發的，準確掌握一個人身材細節的方法，不僅量出尺寸，還能判斷體型，例如是否駝背。尺寸是量，體型是質，由於採集的數據同時包含量與質，就避免西裝完成後不合身。

然後，紅領西服推薦給顧客，衣服應該配什麼樣的釦子、領口是否應該斜一點……該企業提供許多選擇給消費者，從釦子、布料到刺繡都有很多種，顧客可以在店裡看原布料或成衣來挑選。最後，北美的合作夥伴把數據發給紅領，紅領拿到數據後，會有一輪審核，看這套西裝搭配合不合理。畢竟是訂製西裝，不能胡亂搭配，不然顧客也不會滿意。

C2M的第二步，是由紅領這個全球獨一無二的大規模訂製西裝企業，來完成生產環節。做好一件西裝，需要由款式造型設計（即款式圖，包括款式、布料、顏色等）、結構設計（也叫製版、版型處理或打版，確定每個部位的具體規格尺寸）、工藝設計（也叫車位，是一件成品的縫製過程）三個部分組成。要做到C2M，就要在這三個環節，全面做到數據化和自動化。

五、六年前，時裝品牌亞曼尼（Armani）的義大利工廠廠長和紅領做過交流，他對於服裝的大規模個性化訂製非常好奇，因為這真的很難。

核心能力。

令紅領總裁張蘊藍非常自豪的，是紅領在這三個環節上都實現了重大創新，建立了核心能力。

**造型設計模組化**：個性化訂製的前提是模組化。紅領把西裝拆解成很多模組，領口是一個模組、袖口是一個模組、口袋是一個模組。每個模組提供很多選擇，釦子有很多種、布料有很多種、布料裁剪的方式有很多種。這意味著有非常多的排列組合。

模組化後，才能做到個性化訂製。**模組化越精細，排列組合就越多，個性化的程度也就越高**。例如，原來洗衣機是由幾千個零件組裝起來，海爾現在不這麼做，他把幾千個零件分成二十五個模組。前門是個模組，有紅、黃、藍等顏色可供選擇；烘衣功能是個模組，可以有也可以沒有；控制面板是電腦面板或機械面板。這樣才有機會，做到洗衣機的個性化訂製。

和真正的裁縫技術相比，紅領西服是在有限的選擇裡訂製，只不過選擇比較多。他的挑戰是要不斷豐富選擇、增加數據。材料的豐富程度跟服裝的整體銷量，是不斷互相刺激往前走的過程。銷量越大，要準備的材料類別就越多。

**結構設計數據化**：數據化是紅領一以貫之的思路。傳統的量體師需要有豐富的經驗，懂製造、懂體型、懂工藝，才能做好。紅領把判斷變成一套工具，原本不懂服裝的人經過培訓，就能準確測量顧客的身材。

但更難的，還不是把測量的結果數據化，而是把製版數據化。製版，就是根據數據，把人體轉化成布料上的平面圖。以前訂製一件衣服，主要是有打版師，量完顧客的身材後，他會根據身材去製版，在一塊大布上畫出樣子來，然後把布剪下來縫製。

**製版能力很難複製，導致打版師身價很高**。紅領曾有過一名打版師，年收入五百萬元（業內最貴的據說是三千萬元），他一天只能做兩個版，一年大約做五百個版，相當於做一個版要付一萬元薪水，可想而知訂製西裝不便宜，一套十幾萬元也很正常。

**紅領的核心能力，是**根據十幾年的服裝訂製經驗，**把人體與布料的平面數據對應起來，變成數據庫**，並不斷添加、優化。當跨洋訂單從美國傳到青島，用來製版的全自動機器，馬上從數據庫裡調出版型數據，一分鐘就可以輸出一個個性化的版型。然後馬上在大布上裁剪，這樣機器就完成了製版。

紅領把無數打版師的經驗數據化，當然這個說法有爭議，越是經驗豐富的老裁縫師、老打版師，越認為這不可能。張蘊藍說：「一般情況下，我們有問題會請教專家，專家卻直接否定了機器製版的可行性。」但紅領說它做到了。我相信紅領能做出來，不過做出來的版跟打版師量完後，做出來的版是否完全一樣，還有待討論。或是說，我不清楚機器製版是年薪五百萬元、三百萬元還是二十萬元打版師的水準，畢竟是機器。

我問過張蘊藍，機器製版會不會太數據化了，導致在品質上有缺失，或在貼合度上、在對人的理解上有缺失。她說，實際上機器做得比打版師還好。機器做得非常好的前提，是累積的數據夠多。

紅領的機器製版是否真的超越打版師，需要市場來驗證。但僅從數據上來說，好像證明了這件事情。二〇一四年，紅領以零庫存，達成一五〇%的業績成長。現在雖然銷售額不大，一年五億元，但每天都有一千多件衣服銷往國外，說明消費者認可其品質。

**工藝設計自動化**：在紅領的工廠，一開始是有人檢查布料，接著是製版機裁下布料，然後有人挑選釦子放在小盒子裡面……每個人眼前都有個小螢幕（電腦識別終端），每件衣服的布料上都掛著一個識別卡，布料到了工人面前，他就**拿卡一刷，小小螢幕上就會出現，衣服應該縫什麼釦子、應該怎麼裁剪，他這個環節應該怎麼做的資訊**，旁邊已經配好材料，每個工人只需要做好自己環節的一件小事，整套系統就跟富士康工廠的流水線一樣。

紅領西服的縫紉機都是特製的，一般的縫紉機只有幾組懸掛線，但紅領的縫紉機有十幾組，可以不停換線。這種訂製基本上不存在成本增加問題，因為縫這個釦子跟縫那個釦子，勞動成本是一樣的。這導致在生產環節，雖然每一件西裝都不一樣，但只比大量生產成衣的平均成本高一〇%。

以上一整套系統，就是紅領西服的核心競爭力：造型設計環節的模組化、結構設計環節的數據化、工藝設計環節的自動化。這套系統推翻、升級過好幾次，投資達兩億六千萬元。一開始前幾年還沒什麼收入，因為整個系統（包含二十多個子系統）必須同時搭建起來，缺一個步驟都走不起來，整個流程形成閉環管理（Closed-loop management），才能做到大規模個性化訂製。

舉個例子，傳統上量體師不僅薪水高還難找，因此紅領的很多位量體師曾被挖走，但後來又被退回來了。因為他們量的數據用不上，其他企業不懂為什麼要量到那麼細部的地方。其實這二十一個數據和後續的製版、工藝，是整套結合在一起，只取其中一個環節沒有用。

我問張蘊藍，銷售額五億元的企業不算大，紅領這個模式，從五億元做到二十億元的門檻有多高。她說幾乎沒有門檻，因為這個模式容易擴張，這套系統大概三至六個月，就可以複製到另一個西裝工廠，當紅領的訂單增加到一定程度，就可以跟別的西裝工廠合作。

紅領的C2M模式有兩大效果：一是減少傳遞價值環節，讓客戶立即傳達需求，而不是層層發展經銷商，避免通路不斷加價；二是先收款再生產，消滅了庫存，成本大幅下降，改變了創造價值的環節。

這兩點決定了，紅領訂製的西裝雖然直接製造成本比成衣工廠高一〇%，但因為通路減少、消滅庫存，總體成本約只有成衣的一半，所以純利潤率能達到三〇%。

C2M還滿足消費者的個性化需求。前面說過，用戶的需求分為功能性、體驗性和個性化。服裝業一開始注重保暖功能；後來注重美觀，款式，這是體驗性；以前想做到個性化服裝只能靠人，所以個性化需求一定是小量，而且價格很高。紅領了不起的地方，在於做到大規模個性化訂製，破解了產品難題。

如果訂製衣服做得很快（紅領**七個工作日就能完成訂製西裝，傳統模式需要一至三個月）、做得又好，而且價格比成衣還便宜**，誰還會去買成衣？以後就會出現訂製西裝成為主流的景象，這是西裝產業的根本性顛覆。

紅領西服的大規模個性化訂製，是工業四．〇非常重要的一種嘗試。工業四．〇的核心，是用智慧型機器提高效率，同時做到大規模個性化訂製。標準品（如冰箱、洗衣機）能最先做到大規模個性化訂製。服裝業中，西裝相對比較接近標準品，因此率先做到大規模個性化訂製。

我們還可以透過手機行業的案例，來理解紅領模式。小米手機的C2B，是讓客戶參與產品設計，同時透過預購模式，等客戶下單後再生產，導致零庫存，但小米客戶拿到手的產品是一樣的。而谷歌在做模組化手機，透過模組化實現個性化訂製。

谷歌手機有十幾個不同的模組，鏡頭是個模組、螢幕是個模組、電池是個模組……模組化後，每個人就可以訂製不一樣的手機了。而且，由於手機模組比較輕便，客戶可以買個新的鏡頭模組，來替代舊的或不再喜歡的鏡頭模組，或用電池模組取代鏡頭模組，以延長待機時間。

紅領西服跟谷歌個性化訂製手機的邏輯基本上一樣。它先把西裝（西裝、西褲、襯衫、大衣、女性西裝）模組化，再根據消費者的選擇生產。保守的、時尚的、另類的；

正裝、休閒、禮服……可以任意選擇。

張蘊藍說，紅領模式在全球是獨一無二的，日商伊藤忠曾來拜訪紅領。他在參觀工廠後，詢問這套系統是請國外的哪個專家來設計，紅領說這是中國人自己做的，他聽了非常驚訝。

張代理的雄心不光如此，他正在讓紅領脫離服裝企業的概念，成為中國工業四．〇的重要推手。**紅領做了一個互聯網工業品牌「酷特」，幫助中國傳統製造業轉型升級。**張代理認為紅領這套方法，**在服裝業成功了，可以推廣到很多產業**，因為電腦、冰箱等產品，要做到大規模個性化訂製，比服裝來得簡單。

紅領接下來，要跟中國一家大型鞋業品牌合作，擬訂鞋子的個性化訂製解決方案，從生產端到市場端改造升級。紅領搭建了一個C2M平臺，直接對消費者和工廠，同時幫助合作夥伴改造工廠和組織。

目前的大規模個性化訂製，其模組化是基礎，消費者的選擇還有一定的限制。如果我們進一步展望未來，3D列印技術意味著無限可能的個性化消費：只要設計好一個模型，輸入機器，想怎麼做就怎麼做。

以服裝為例，也許有一天科技進一步發展，衣服可以不用布料來做，而是用3D列印出來，那就可能出現完全不一樣的思路：世界上有無數的設計師，他們幫消費者設計完成後，由3D列印工廠直接列印出服裝。

## 使用者中心型創新之四：產品場景化加上用戶互動

在互聯網時代，很可能因為一個好的產品，使客戶量激增，所以好的產品本身就是一個最大的廣告。經過各種實驗，「凱叔」王凱認為，好產品是需要和用戶互動產生的，需要高度場景化。

凱叔當了十幾年的配音員，是中央電視臺最會講故事的主持人，為孩子做講故事的產品，對凱叔而言太輕鬆了。但一開始他卻收到很多投訴，這些投訴都一樣，批評他講故事太生動，孩子聽故事聽上癮，聽了一遍又一遍，耽誤孩子的睡覺時間。

這讓凱叔領悟了兩件事。首先是所有的產品，**應該拉著客戶一起打造，一個人想出來的產品，絕對不是好產品**。

其次，一個沒有「場景」的產品，無異於垃圾。凱叔自己在早期根本就沒想過，孩子在什麼時候聽故事、聽完後會做什麼事情、聽之前做什麼事情、聽故事的人有什麼樣的需求、放故事的人（父母）有什麼樣的需求。凱叔自己覺得這已經是好產品了，但真正推到市場上就會發現，有時候這個「好產品」，反而給客戶添麻煩。從那以後，凱叔就會**不斷想像，他的產品的各種適用場景**，然後把一個產品分成不同的場景，來滿足客戶的需求。

結合這兩種方法，凱叔開發了「睡前詩」：在聽完故事後，選一首考試能用到的詩，依篇幅讀個七至十五遍，每一遍都會比上遍聲音小聲一點，到最後似有似無時孩子早就睡著了。實施一週後，凱叔得到熱烈迴響：「孩子早早就睡了，而且還把這麼長的詩歌背下來，以後不用再逼孩子背詩了。」現在凡有故事的產品，基本上都有睡前詩，這是凱叔對產品做的一次大幅度升級。

用戶互動的例子有很多，例如要不要在故事中進行生命教育，凱叔問用戶願不願意讓他講這個故事。然後就不斷有用戶來信，就跟寫論文似的，每人提交一篇文章，然後凱叔的團隊就把文章發出去，和用戶一起討論。

另一個例子是凱叔寫的第一本書，裡面的插圖全是孩子畫的，凱叔收集了孩子的作品。這本書賣得很貴，一套兩百五十元，一下子就賣出幾千套，總共輕鬆賣出三萬套。

這個定價也是和用戶互動得來的，凱叔在微信的後臺做了一次拍賣，共十套樣品，價高者得，當時第十名是六百八十八元，最高的拍到兩千元。再參考其他參與競標用戶的出價，這套書的定價他心裡就有數了。

後來凱叔領悟到，內容不應該是直接收費的產品，內容應該是了解用戶痛點的最好方式。現在凱叔正是因為做了大量的內容，才知道了二至十歲的孩子，以及孩子的父母，他們生活當中的各種痛點在哪裡，他們渴望有人幫忙解決的問題在哪裡，而凱叔團隊該如何去想辦法滿足他們，這些都是透過內容探究出來的。後來凱叔就透過影片，免費提供這個產品。

免費提供內容後，他們做了一個收費產品，叫「凱叔西遊記隨手聽」，這是一個非常簡單的故事機，簡單到裡面只有「凱叔西遊記」第一部二十六集的故事，不能把二十六集的故事，從這個故事機裡複製到別的地方去，更不能把其他的故事複製到這個故事機裡，這個故事機是為了這二十六集故事而生。

有人說天底下不可能有這種產品，誰不是買一個故事機，裡面存著上千個故事。市面上的故事機都是這麼賣，不但能聽故事、聽兒歌，還可以當複讀機學英文，甚至可以連接顧客的微信。

但凱叔團隊透過市場調查發現，這些多功能故事機有八〇%的客戶，主要需求還是聽故事，而且主要聽的還是凱叔講故事，因此凱叔推出這個「奇怪的產品」。雖然孩子在微信公眾號聽「西遊記」不用花錢，但得用手機聽，手機不能一直跟著孩子，所以客戶還是有購買這個產品的需求。這是典型的場景型產品。

大數據在用戶互動的精準化方面，有顯著功效。二〇一六年初，百度大數據加上零售平臺首期產品正式上線。平臺細分、管理零售商的真實目標客群，為零售商提供商圈分析、客群管理、精準行銷等服務，從而協助零售商，更準確觀察並高效轉化消費者，提升銷售收入。

透過案例，來看一下百度大數據在零售業的應用。在北京大型購物中心——朝陽大悅城九．一九店慶中，百度大數據對會員進行精準、個性化的優惠訊息觸達，在二十天內提升一二%朝陽大悅城的會員銷售額，未購買品牌推薦轉化率提升了五倍，非活躍會員到場消費率提高五三％。在吸引新顧客的同時，會員消費體驗和顧客黏性也得到大幅度提升。

百度大數據加上零售平臺首期上線的商圈分析，覆蓋了全中國三百一十二座城市，包括萬達、萬科、華潤、王府井、凱德、太古、大悅城、銀泰、百聯、新世界等中國知名零售集團。

總之，以用戶為中心的創新，以泰山壓頂之勢，讓很多過去的產品、方法顯得老舊。在互聯網界，產品經理變成了神一樣的頭銜，很多互聯網公司的CEO，更想稱呼自己為「首席產品官」。

但當互聯網公司講「產品」時，其實大多數講的，都是一種以使用者為中心的體驗。所以，產品經理甚至要對心理學或「人性」有所觀察。

**這是傳統企業轉型，最需要向互聯網公司學習的地方之一**，也是在這個時代提升產品位能，最大的推動力之一。

# 05 流程效率創新：打造優質產品，自然建立「品牌」

在這個時代，產品位能還有一個巨大的推動力，那就是「流程效率」。這一輪流程效率的創新，甚至比使用者中心型創新更加風起雲湧。在二〇一六年一月，我的企業轉型公共號「進化島」，評選了二〇一五年最值得關注的五家商業新生代的「達爾文雀」，其中三家都是因為獲得流程效率帶來的巨大創新紅利，而呈現爆發式的成長。

其實，流程效率創新的例子有很多。例如，二〇一四年七月，中國國際航空把機票佣金從三%降到二%，我發微博預測：這不是終點，在互聯網提升傳遞價值效率的大趨勢下，機票佣金終會降為零。二〇一五年一月，降為一%，我再預測：最終〇%。就在二〇一六年夏天，中國南方航空果然宣布，六月一日起，機票降為「零佣金」。

再例如二〇一五年底，我看到一則新聞：「近來香港餐飲速遞（訂餐平臺）市場風起雲湧，多家網站紛紛透過免費速遞、用餐折扣等方式吸引顧客。在家點餐比去餐廳吃還便宜，而且這些餐飲速遞網站都保證，三十分鐘左右送到，確保餐點溫度和口味。聽說這些網站最近都拿到新融資。」我說，香港人民坐不住，O2O（Online to Offline，指線上行銷及線上購買，帶動線下經營和線下消費）的火，燒到香港了。

有一次我去招商銀行存錢，銀行辦事人員問我，錢是從別家銀行領出來的吧？我回答是，從中國工商銀行領出來的。對方又說，現在可以用招行的應用程式，把存在其他銀行的錢轉出來，只要開通即可，很方便，我以後就不需要去中國工商銀行了。招商銀行使流程優化，對存款客戶多問一個問題，就把我的存款「優化」到自己銀行。

在這個時代，要看清流程效率創新對於推高產品位能的意義，必須先從打造品牌的歐洲模式和日本模式說起。他們分別代表品牌的情感價值和品質價值。

路易威登（LV）、古馳（GUCCI）、普拉達（PRADA）、香奈兒（CHANEL）、勞力士（Rolex）……歷史悠久，兼具品質價值和情感價值，是上述歐洲品牌的共同特徵，我們可稱之為打造品牌的歐洲模式。

品牌的「品質價值」比較理性，我們可以從衣服用什麼樣的布料、手錶能否使用長久等，看出東西好不好。

品牌的「情感價值」比較感性，有些人特別喜歡一個品牌，是因為它的品牌故事，例如香奈兒的創辦人香奈兒的才華、名利和女權思想，一直為人津津樂道；也有人喜歡品牌的設計，例如路易威登經典耐看的圖案；還有人喜歡品牌帶來的認同感，例如戴上百達翡麗（Patek Philippe）手錶，讓朋友們覺得自己很有品味。

歐洲品牌兼具雙重價值，因此長期深受歡迎。但也有人認為，品牌溢價本身沒有實際的使用價值，只是企業花費巨資，在消費者心中建立一種認知，這筆額外的投入，最終會藉由高定價賺回來。有人把這稱為「Brand Wash」品牌洗腦（從「洗腦」〔Brain Wash〕變來）。因此品牌應該消失，讓價格更加呈現品質價值。

這個觀點我持不贊同也不否定的態度，但有這樣的觀點存在的同時，也有相對應的案例存在。無印良品、優衣庫（Uniqlo）等日本企業獲得品質價值，挑戰了經典的歐洲品牌模式。

有人問，無印良品自己不也是個品牌嗎？回答這個問題前，需要先了解無印良品的發展歷史。

一九八〇年代初期，日本經濟成長處於停滯狀態，無印良品在一九八三年應運而生。無印良品的口號是「物有所值」，其產品拿掉了商標，包裝設計非常簡潔，去掉一切不必要的加工和顏色，降低了成本和價格。雖然現今無印良品也成為品牌，但誕生時的基本宗旨是無品牌，這是無印良品與傳統歐洲品牌的本質區別。

優衣庫的變革同樣始於一九八〇年代，它整合產業鏈，不但降低賣場的裝潢和人工成本，連作為原料的棉花都要自己種，所以能在保證品質的前提下，大幅度降低價格。

品牌的歐洲模式和日本模式大致如上所述，情感價值和品質價值的基礎不同。那麼哪一條道路更適合中國企業？

**創建品牌的歐洲模式，相對而言是一條更難走的路**，這是因為情感價值要花長時間才能建立。一個人願意為一隻名牌手錶付出那麼多錢，是因為長期以來，對這個品牌累積深厚的感情。中國企業如果要從頭開始建立情感價值有困難，也需要時間。能速成的只是名牌，不是品牌。

或者說，中國目前並不處於基於「情感價值」的歐洲品牌模式的「紅利期」。所以創建基於「品質價值」的日本品牌模式，相對更加容易。在中國，如果真的說有和歐洲奢侈品對應的商業模式，我個人認為是「名貴藥材」。中國人相信靈芝、冬蟲夏草、天山雪蓮等植物能起死回生、大補元氣、百病不生。這就和歐洲人喜歡皇家愛用的奢侈品一樣。

在其他大多數領域，中國消費者更看重的還是品質，而不是情感本身，這和某個時期的日本更像。從經濟層面來看，一九八〇年代初期的日本經濟比較蕭條，優質、低價變成了一種重要的商業模式，現今的中國經濟成長也遇到了巨大挑戰，中國也有可能像當時的日本，優質、低價成為重大的商業機會。

從技術層面來看，隨著資訊越來越對稱，只願為品質買單，而不願為品牌溢價買單的人，將從傳統的品牌消費中逐步分化出來。

品牌的消費者其實有兩種，其中一種不在意情感價值，只想為品質價值買單，他們之所以買品牌，是因為在資訊不對稱的時代，只有品牌才能確保可靠的品質。他們接受品牌溢價，其實是為了買到高品質商品，是為了不買錯而付出的擔保費。互聯網帶來的資訊對稱，讓他們不必支付這筆擔保費。

例如一群人本來要去高級餐廳吃飯，但後來經由大眾推薦發現，還有個不知名的店也很好，價格還較便宜，最後他們就去新發現的小店。現在也有不少人在網路買便宜但不有名的洗髮精，很多固定消費知名洗髮精的消費者一開始不敢買，但隨著好評增加，他們會覺得，從洗髮效果來看，洗髮精真的不錯，有一部分的人就會買單——只願為品質買單，而不願為情感買單的人，就這樣分化到新產品裡。

隨著資訊越來越對稱，一部分只願為品質買單的人，會從傳統品牌中釋放出來，被一批採用「優衣庫（產業鏈整合）＋無印良品（去品牌溢價）」邏輯，提供「優質、低價」的新企業服務。例如名創優品和必要商城對產業鏈重新整合，讓商品的價格回歸了商品的使用價值。

從社會層面來看，流程效率創新也有其緊迫性。我受邀參加鴻坤地產集團會議時，聽毛大慶（原萬科北京董事長）提到一個數字：一九九〇年代出生的人口，比一九八〇年代出生的人口減少四四．二％；二〇〇〇年代出生的人口，又比一九九〇年代出生的人口減少三三．七％。我知道人口老齡化加速到來，但聽到這項數據還是感到很震驚。提升商業的效率刻不容緩。

充分利用互聯網帶來的連接屬性，大幅改善因資訊不對稱產生的低效率，創造「優質、低價」的產品，成為這個時代把產品推高位能的「創新紅利」。我甚至講過：「互聯網一切的優勢，都是效率的優勢。」

有一次我在一家大銀行演講，有人問我：「有人說現在還沒轉型的傳統企業就不用轉了，因為互聯網公司會死一大片，然後回歸傳統，你怎麼看？」我回答：「高效間的競爭再慘烈，不代表低效就能活下來。軍閥如何混戰，溥儀也當不回皇帝。滅掉清朝的一定是辛亥革命，而不是明朝的遺老遺少。」

接下來我要對幾個案例做具體分析，看看它們是如何利用「流程效率」這個創新紅利，成功進化。

## 線上零售創新案例：必要商城的「短路經濟」

要去目的地，光有地圖不行，還必須知道自己現在的位置；要想轉型，光有戰略不行，還必須有不偏不倚的自我認知。

零售品牌商，大都認為自己的優勢在於「品牌」（創造價值），但在這個品牌大量過剩的時代，不少零售品牌商的真正優勢，其實是懂得**占據「零售」資源（傳遞價值）**：廣告比別人猛，店開得比別人多、比別人快，所以賣得比別人好。這種以量取勝模式，**帶來的最大挑戰是：對未來的預測不夠準確**，以及隨之而來的高庫存問題。

以服裝為例，為了留足布料和成衣的生產時間，品牌商在今年的春季就要預測明年春季流行什麼樣的衣服。因為不知道客戶是誰、數量有多少，所以品牌商必須生產足夠的款式，例如這款衣服生產多少種顏色和尺碼，每種顏色和尺碼又生產多少套，這種預測顯然很難做到精準。進入銷售階段後，賣得好的往往來不及補貨，因為大批布料和成衣的生產週期很長；賣得不好的就形成庫存。

從百度出來創業的畢勝（必要商城的CEO），在解決庫存問題上，開創了一套新模式。

為了見畢勝，我專門在必要商城訂製一雙號稱是由巴寶莉（BURBERRY）中國代工廠，依照幫巴寶莉代工的品質生產的皮鞋，想親身體驗一下其品質。

必要商城是一個被稱為C2M的反向訂製平臺，**消費者先選擇自己的尺碼和喜好後下單，廠家再生產**。我興致高昂的選擇鞋子的顏色、鞋底和鞋帶，下單大約二十天後，就收到鞋子。我不確定巴寶莉是否真的會如畢勝所說，把這樣品質的皮鞋賣到五千元，但我穿完認為，這皮鞋的品質只賣三百九十九元，確實物超所值。

近來，海淘和跨境電商興起，緩和了消費者對高價低質的中國製造的深度不滿，而在必要商城，消費者卻**以「白菜價」，享受到具有「奢侈品品質」的商品**：必要商城與依視路（Essilor）代工廠，攜手推出的運動眼鏡售價兩百五十九元，而品質相同的依視路眼鏡，據說市場價約七千元；亞曼尼代工廠生產的男鞋在必要商城只賣三、四百元，而據說相同品質的亞曼尼男鞋，售價是兩、三千元；巴寶莉代工廠生產的襯衫，在必要商城賣一百六十六元，據說同樣品質的巴寶莉襯衫，則賣一千三百八十元。

必要商城到底是怎麼做到優質又低價？畢勝說，核心是C2M。那麼，什麼是C2M？就是一端連著消費者，另一端連著製造商，去掉中間的通路環節和庫存壓力，用優質、低價吸引廣大消費者，先下單再生產，再用零庫存吸引頂級製造商。

## C2M：庫存問題的終極答案

簡單來說，必要商城的C2M模式是**按需求生產**，消費者先下單，然後工廠開始生產，這樣就不會出現庫存問題。C2M讓消費者與製造商直接連接，砍掉了中間通路以及庫存的加價，這使得必要商成可以走「優質、低價」路線，以高性價比吸引消費者，經過口碑傳播，持續做大規模。

畢勝把這套做法總結為「短路經濟」。之所以稱為短路經濟，是因為過去的路太長，中間都是無效加價，因此要縮短這條路。零庫存是C2M必要的模式，也是短路經濟的核心。

很多人都知道，庫存是零售行業的頑疾。紅領西服總裁張蘊藍曾對我說過，每售出一件衣服，大概會產生三件庫存。所以可以說，你每買一件衣服，等於付了四件衣服的錢。而庫存也催生了暢貨中心（outlet）、唯品會的商業模式。

可是畢勝認為，三比一的庫存和銷量比，已經是很樂觀的，基本上不存在這個數據。

傳統方式無法解決零售的庫存問題，除非用C2M模式——先下單再生產。一旦解決不了庫存問題，其他什麼都是白搭。

以眼鏡為例，它的定倍率（零售價／出廠價）是三十至五十倍，這不僅是因為中間環節賺了太多錢，還和庫存問題有關。眼鏡的鏡片都是有備庫的，不同的度數都要準備好。眼鏡店會準備度數最常見的鏡片，如果所有度數的鏡片都備齊的話，就有二十七萬種組合、五十四萬個鏡片；而必要商城的眼鏡採用C2M模式，不用備貨，顧客下單後，鏡片才會在工廠製作。必要商城透過消滅庫存，極大降低了成本和價格。

我繼續追問，工廠的原料總是要備貨，例如與必要商城合作的鞋廠，總得事先購買皮革和鞋底等材料。畢勝認為，C2M的原料庫存不會對製造商造成壓力，因為原料本身是保值的，有時還增值，例如從非洲購買的原料，一旦非洲的出口減少了，還能增值。而原料一旦做成鞋成為庫存後，就會大幅貶值。因此，先做鞋子再販售的傳統模式，無法迴避庫存問題。

我又問，那麼傳統企業是否可以全力以赴，做好一、兩款產品，讓該產品一推出就熱銷，這樣自然就沒有庫存壓力。畢勝認為，這個策略也不能徹底解決庫存問題，因為人的預測能力有限，製造後不受歡迎的可能性始終存在，到時為了應對熱銷而大量生產的備貨就成了大麻煩。**賭熱銷品的難點在於，無法保證每次都賭對。**

畢勝說，吉利汽車創辦人李書福對庫存問題的嚴重性也有深刻感觸，他也認為

C2M是庫存的終極解決方案，因此主動聯繫畢勝。二〇一五年十一月，畢勝宣布與吉利集團合作，推出售價僅三萬六千九百元的熊貓汽車，顧客可以選擇車身顏色、控制臺及座椅等。C2M模式去掉通路加價，還避免產生庫存風險，因此車價能降低兩萬多元。這樣的價格對吉利其他車型的銷售顯然會造成衝擊，吉利之所以承受壓力這麼做，就是為了消滅庫存——如果汽車賣不掉，壓力更大。

C2M模式是東西還沒生產，錢就已經到手了，資金的使用效率達到最高，能改善企業經營狀況。畢勝認為，因為C2M對庫存有神奇療效，所以與他合作的製造商都認同C2M是未來，願意投資金錢跟著必要商城向前跑。

## 優質、低價是中國製造的出路

畢勝不否認品牌價值的存在，但他認為中國沒有品牌，所謂的品牌其實都只是知名商標。在他的定義裡，極致的產品，且有幾十年、甚至上百年的歷史，才稱得上是一個品牌。

他說，很多人都回答不出什麼叫品牌。之前有記者說愛馬仕是品牌，畢勝問為什麼？愛馬仕的品牌故事是什麼？記者說不知道。還有人說愛馬仕很貴、很多人買，因為這個理由所以也跟風買。

畢勝認為品牌分幾層含義：第一層，賦予某種能力，為消費者內心帶來某種感覺；

第二層，彰顯身分地位，是給別人看的。畢勝曾在機場看到，有人全身上下都是名牌，從上衣、腰帶、褲子、襪子，甚至是特意外露的內褲；第三層，是一種信任。

而在中國一時聲名大噪的本土「品牌」，有多少能同時滿足上述三個條件？因此，畢勝認為中國製造業的出路不在於做品牌，而是踏實做好優質、低價產品。

吉列（Gillette）刮鬍刀一套一百多元，畢勝說實際成本才六元。其代工廠的產品即將在必要商城上架。代工廠老闆問定價多少，畢勝說物料清單（bill of materials，簡稱BOM，為了製造最終產品使用的文件，內容記載原物料清單、半成品與成品數量等資訊）價是一．三五元，含運十幾元。

代工廠老闆說，吉列的品牌還是有價值，畢勝說就是一個商標而已。跟客戶之間連「戀愛」都沒談，就別說別人對你的品牌有感情，想賣那麼高的價格是不可能的——巴寶莉已經跟客戶，談了一百五十多年「戀愛」了。

**宛如戀愛的情感價值外，品牌還有個信任價值**——客戶相信買回去不會錯，寧願多花錢買一個知名品牌產品，避免做出錯誤的選擇。所以對必要商城來說，重要的是繼承品牌的信任價值——在必要商城上購買的，就是高品質、低價格的產品，這是畢勝不斷強調做好品質控管的重要原因。

於是，就連品牌有知名度、利潤較高的企業也居安思危，開始嘗試與必要商城合作。畢勝說，某國際化妝品集團，準備在必要商城推出一款女性臉部保養品，這款產品用原來的商業邏輯賣接近千元，在必要商城只賣一百元。

如前文所述，必要商城的模式對代工廠來說沒有損失，它們的利潤是上升的。但這件事對品牌商的商業模式有害，在必要商城推出的產品，會跟其他產品產生很大的價差。這些企業顯然是下了很大的決心才做這件事——優質、低價商品來勢洶洶，與其等著畢勝跟別人合作，不如自己來「鬧革命」。

從這個化妝品集團的決心來看，必要商城的模式甚至會讓全球形成優質、低價商品的風潮。

在必要商城，有個客戶下了好多單，每單都不一樣，他說這是美國的朋友託他買中國的商品。國際品牌的產品往往都是在中國生產，運到歐美後再運回來。畢勝在美國有一群朋友，他們在臉書上分享了在必要商城買的東西，網友看到後，就託在中國的同事或朋友採購，然後郵寄過去。

畢勝認為，優質、低價符合世界上大多數人的消費習慣。以往大家認為，有一群人就是買奢侈品的，另一群人就是買不起的。其實並不是這樣，不是兩個人群，而是一個人的不同消費場景。例如，你要跟某個大企業談判，就要穿高級西裝，但之後要跟朋友吃飯，就會穿普通的休閒服。大部分中產家庭不會買很多奢侈品，就算是有錢人家裡，也是什麼價位的產品都有，富豪也對必要商城的產品感興趣。

有人願意為品牌故事買單，但也有人只願意為品質買單。基於這個消費觀，畢勝說，他相信只要必要商城不犯錯，就能幫助中國製造業走出去。

畢勝認為，中國製造業的趨勢，是低質、高價和低質、低價的低階製造業都會被逐步淘汰，未來只有優質、低價的高階製造業才能活下來，而C2M模式，是達成優質、低價的一個方法。

真是如此嗎？我們拭目以待。

## 線下零售創新案例：零售價做到同行的三分之一

互聯網之所以對傳統企業形成劇烈衝擊，主因是傳統企業傳遞價值的效率極低，互聯網大幅縮減了傳遞價值環節，獲得效率優勢。**除了像必要商城投身「互聯網+」浪潮，傳統企業是否還有別的出路？**

線下零售企業「名創優品」的成功是個非常有趣的案例。他沒有投靠互聯網，也大幅縮減了傳遞價值的環節。這說明對傳統企業而言，投靠互聯網並非目的，提高效率才是終極目標。

如果透過線下的方式也能高效傳遞價值，互聯網公司就不一定有優勢。名創優品展現了傳統行業不向互聯網轉型，也能提高效率的方法。

名創優品創辦人葉國富有著多年傳統零售經驗，他認為，中國正在向日本、歐美靠攏，進入精品低價時代。中國傳統零售業的生意為什麼做不好？原因很簡單：產品不夠好、價格不夠低，違背了時代潮流。葉國富認為，把產品做好並賣得便宜，這永遠是商業的王道。

名創優品有「三低」：低成本、低毛利、低價格。首先，名創優品透過大量採購和一次性買斷，吸引大批願意給出最低價的優質供應商，它從供應商那裡拿到的產品出廠價，只有同行的一半。其次，名創優品信奉日本商界薄利多銷的商業哲學，在出廠價上只加了八％的自身毛利，包含產品研發、人事成本及中央倉庫成本。然後再根據不同商品類別，加價三二％至三八％配貨到門市銷售，這個毛利包含物流、房租、水電、員工等營運成本。

這麼一來，名創優品商品的出售價，相當於同行拿到出廠價的九〇％至九六％。同樣品質的商品，零售價比別人的出廠價還要低。

假設一個產品的正常出廠價是一元，透過中盤商層層加價，零售價會變成三、四元。而名創優品的出廠價是五毛，零售價是九毛多，可見價格衝擊力有多大。曾經有深圳同行告狀，認為名創優品是以低於成本價搞傾銷，破壞了正常的市場秩序。

## 提高供應鏈效率——大批採購又想避掉庫存

接下來，我將逐步分析名創優品的完整商業邏輯。

名創優品的採購量很大，單個產品一下單就是十萬件——即便名創優品只開一家店，每個單品仍是以萬為單位下單。不僅如此，名創優品的採購實行買斷制，在供應商把貨物送到名創的中央倉庫後，第十五天就一次性付款。

之所以要實行大量採購，是因為名創優品作為快時尚消費品牌，每七天就要上一次新品，因此提升產品生產效率是重要課題。如果合作的供應商上午生產T恤、下午生產褲子、明天又生產襪子，效率肯定不高。而大量採購，能使供應商專心做一件事，提高生產效率。

名創優品作為優質大客戶，在向供應商提供極具誘惑力的採購條件（大採購量、買斷、及時付款等）的同時，也提出了要求，那就是供應商一定要給出最低的價格。事實上，供應商也確實願意大幅度降低毛利率，以滿足最低價格的要求。

一方面是因為採購量這麼大，供應商能賺到的利潤總額還是很可觀；另一方面，大量採購也增加了，供應商與原料提供商談判的籌碼，可以要求將原料降價。

透過層層的供應鏈優化，最終，**名創優品拿到的出廠價能降到原來的一半**。可見大量採購帶來了最高的採購效率，而這也是零售企業制勝的一大法寶——向上游控制供應鏈，才能自己控制產品的價格和品質，優衣庫甚至自己生產棉花，以降低原料成本。

凡事總有一體兩面，大規模採購除了能為零售企業帶來諸多好處外，也可能會產生負面後果，那就是**庫存**。**對此，名創優品又是如何應對？**

葉國富不斷強調工作要做在前面，也就是必須**在做好市場調查和產品研發，真正理解市場需求後，每個商品類別精準推出一、兩款產品，而不是每年盲目推出幾百款產品**。例如名創優品從飛利浦（Philips）的眾多擴充插座產品中挑選了兩款，透過大規模採購，這兩款插座的售價僅為七十九元和九十九元，一經推出即熱銷。

那麼，這些商品又是如何被挑選出來的？葉國富是驅動數據的企業家，這在互聯網時代是非常重要的思路。**在名創優品，有一群人每天在京東、淘寶上查數據，看近期大家最喜歡什麼商品**，哪些類別賣得非常好，這就為商品選擇提供了準確的資訊。

每週一上午，名創優品都會召開商品會議，葉國富、設計師等四十幾個人組成評審團，會對初步篩選過的產品深入討論，研究價格、款式、品質。只有評審認可過的產品，才能向供應商下訂單。任何產品未經評審認可不能下單。而一旦下了訂單，產品就會變成庫存，這就要求名創優品必須有非常好的預測能力。以往預測流行趨勢主要靠經驗、直覺，名創優品則利用大數據，提升選擇的效率。

葉國富分析了一些銷售數據：如果選的產品真的很好，排隊買的人很多，產品的銷量就特別大。雖然賣得很便宜，但每個月產生的銷售額，還是相當可觀。以名創優品在廣州的門市為例，兩百平方公尺大的店面，一個月的銷售額大概有六十萬元。

## 提高通路效率

精準選品只是名創優品消化庫存的一種方式，事實上，每家門市能售出的商品數量畢竟有限。因為大量採購，名創優品還必須有多家店面，來消化這些商品。創業短短兩年多，名創優品已經開設一千一百多家門市。名創優品快速開店的訣竅是什麼？

傳統的開店模式，無非是加盟和直營兩種。加盟店是投資人出錢並負責營運，還要買斷品牌方的供貨，如果賣不完就變成庫存。對投資人來說，加盟店的經營不但麻煩且風險較高，這種弊端顯然會影響開店速度。但如果大量開直營店，又需要海量資金，初創企業根本負擔不起。為了能大幅提高開店效率，又不投入太多資金，名創優品採用了新的**投資直管店模式**。

與加盟店不同，名創優品的店面投資人，只需要負責前期的投入。投資人在購物中心租個店面，通常是兩百平方公尺左右，然後按照名創優品的標準裝修，最後再交一百萬元的押金給名創優品，作為持續供貨、調貨的押金。投資人只需要投入這總共加起來的兩、三百萬元，剩下的營運等事務，就由名創優品負責，這便是投資直管模式。

對投資人而言，不須負責店面營運，所有的管理都由名創優品負責，是件輕鬆簡單的事。然而，如何讓投資人安心將店面營運交給名創優品？一方面，名創優品有自己的培訓學院，負責持續培訓店長，店長培訓合格後，被派到各地門市，門市員工則在當地招聘並培訓。

更關鍵的是，名創優品耗資三千萬元，請專業公司開發一套ERP（Enterprise Resource Planning，以會計為導向的企業資源規畫系統）系統，產品的進貨、調貨、銷貨及下架，**所有數據都在ERP系統裡，完全對投資人公開**。

投資人能看到自己投資的店，當天的每一筆交易，而且門市在隔天就把前一天的利潤，匯到投資人的帳戶，投資人每天都能看到現金流向，一年半左右就能收回成本。這可說是很不錯的投資，因此很多人搶著要投資名創優品開店。

投資直管模式，使名創優品在資金不充足的情況下快速擴張。受限於店面管理人員的培訓速度，二〇一六年預計新開五百多家門市，店面數量成長五〇％；二〇一五年名創優品的營業額大概是五十億元，預計二〇一六年達到一百億元，營業額成長一〇〇％。

門市數量的快速增多，對名創優品的營運提出了極大挑戰，其中之一便是物流配送。為了提高配貨效率，名創優品採用「中央倉庫＋少量配貨＋全球市場」的模式。

名創優品在中國各區域設有七大倉庫，供應商把產品直接送到中央倉庫，再由倉庫直接配送給周邊門市，新貨從倉庫到門市，通常只需要一、兩天。而且，名創優品的配貨原則是「少吃多餐」，每天少量配貨給門市——將大量貨物放在中央倉庫，既方便在同區域的門市之間調貨，也避免在單家門市產生貨物囤積的問題，這對零售業是非常有效率的方法。

至於產品的配送、調度，也並非名創優品的門市店長說了算——事實上，他們只須管好門市的陳列、防盜、服務、衛生這四件事。進貨、調貨則是由名創優品總部一百多位數據分析員負責。

這些數據分析員每人負責十個門市的ＥＲＰ系統數據，分析系統反映的每家門市、每個類別、每天的銷售數據，再根據暢銷或滯銷情況，對店鋪下達指令。某個商品如果在甲店賣得不好就調到別的店，在乙區域賣得不好就調到其他區域。

考慮到中國各區市場仍存在一定的共同性，名創優品又整合全球市場資源，在世界各地開設倉儲中心和一百家門市。由於市場的異質性強，在大陸賣得不好的產品，在香港、新加坡或泰國可能會賣得好。

在延伸至全球的龐大市場體系中，中央倉庫、少量配貨這種模式，能讓產品在門市之間的消化變得非常順暢，這麼一來，商品囤積的可能性就變小了。

## 提高推廣效率

葉國富從一開始就把名創優品定位為全球化的公司，他的店要開到全世界。那麼中國企業該如何建立國際品牌？

中國科技公司聯想集團收購國際商業機器股份有限公司（International Business Machines Corporation，簡稱ＩＢＭ）的電腦事業部門、吉利收購富豪集團（AB

Volvo）是一條路，這需要雄厚財力；海爾、華為數十年如一日，打造出國際品牌是另一條路，這需要恆心毅力；葉國富則比較推崇省錢、省時的「借船出海」模式，即把國外品牌，連接到中國超強的製造能力上。

在葉國富這一代的企業家中，有不少人都喜歡用外國品牌，他也不例外，剛創業就把名創優品註冊在日本，這多少是利用中國人喜歡用外國貨的心理。

但葉國富不太一樣，一方面是名創優品在日本，有五十多人的設計和經營團隊，他每週都會和日本團隊開會討論營運問題，充分利用日本的品牌營運經驗和產品設計能力；另一方面，很多企業註冊外國品牌的目的，是想在中國把產品賣得更貴，可是名創優品雖然註冊了日本品牌，卻賣得比中國國內商家更便宜，這是很少見的做法。

葉國富強調，註冊日本品牌的主要目的，是提升名創優品進軍全球市場的效率。在許多美國人、歐洲人的印象中，低質、低價一直都是中國製造的代名詞。如果在國外經營中國品牌的連鎖店，美國人、歐洲人恐怕會因為對中國製造的固有偏見，而排斥中國品牌；但如果是日本品牌，就會有不錯的觀感。

所以葉國富一開始就註冊一個日本品牌（連商標都很像優衣庫），對名創優品銷往全世界有巨大好處——用吳曉波的話來說，這為中國企業家找了一條國際化的道路。我們不一定要用中國的品牌，而是到某個發達國家去註冊一個品牌，然後在中國生產，這樣走向全世界的道路就會非常穩健，而且能獲得大部分的利潤，不至於在產業鏈最低階苦苦掙扎。

在進軍全球市場前，名創優品還是要在中國打好基礎，這就面臨一個問題：在哪裡開店，才是最佳選擇？葉國富嘗試後發現，在購物中心開店的推廣效率最好。他認為，逛購物中心的消費者，多數人都去過日本和歐美，知道國外的商品物美價廉，當他們看到這是日本品牌的店，裝修又這麼漂亮，雖然東西很便宜，卻不會覺得是在賣假貨。

了解到中高階消費族群更容易理解「優質、低價」的合理性後，葉國富就選擇在大型購物中心開店。典型的成功案例，是名創優品在香港開了二十家店，每間店都經營得有聲有色。「征服」中高階消費族群後，「產品好、價格低、環境好、服務好」等優勢經由顧客口口相傳，名創優品不僅提升了知名度，客群也不斷擴大。

葉國富說：「很多商場的店面在名創優品還沒來的時候租不出去，名創優品來了，把十個小店面全部打通改成大店面後，別的品牌就直接對商場說，你把名創優品的位置給我，我給你雙倍租金，於是商場和我們約談換個位置。」

名創優品凡事講求效率，在粉絲經營方面的高效率也值得關注。優質、低價的商品讓一批顧客成為粉絲，他們主動加名創優品的微信公眾號，隨著名創顧客群的擴大，很快便累積起幾十萬名粉絲——這個變化引起管理層重視，隨即名創優品推出「掃碼送袋」活動，用一個小小的購物袋，讓粉絲量呈現爆發式的成長。藉由公眾號，名創優品向千萬名消費者分享日韓、歐美的流行和生活資訊。這個優質公眾號，可以達到比幾千萬元的廣告費，更好的推廣效果。

## 轉型之戰的本質是效率競爭

葉國富曾參與營運飾品零售品牌「哎呀呀」（廣東），採用的是傳統模式，發展代理商和加盟商。公司的毛利率是三五%，代理商賺一〇%，加盟商再加價六五%。十年間，「哎呀呀」的最高銷售額曾達到八億元，現在是六、七億元。這套玩法和發展速度，跟名創優品這樣的「新實體」顯然無法匹敵。

富有創新精神的葉國富，對實體零售店的未來有強大的信心，他在和吳曉波交談時，甚至說：「馬雲與王健林（大連萬達集團創辦人）的賭局，我認為馬雲必敗，如果實體零售輸了，我願替王健林出這個錢。」但我跟葉國富說：「不管王健林贏還是馬雲贏，你現在做的事其實和電商一樣。」

電商用更有效率的手段，解決傳遞價值環節的效率問題，並衝擊傳統零售；名創優品雖然做的是線下實體店，但也是用更有效率的方法，解決低效率的問題，衝擊傳統零售，所以其實它跟電商一樣，衝擊著傳統零售。

非要用線上對抗線下這個邏輯，解讀名創優品的成功，其實意義不大。更重要的邏輯，是用更有效的方法解決低效率的問題。如果非要用線上、線下的概念，可以說電商是用線上的高效率，打擊了線下的低效率，而名創優品則是用線下的高效率，打擊了線下的低效率，這兩種模式都屬於高效率的新經濟，它們一起瓦解低效率的舊經濟。

所以傳統企業依不依靠互聯網並不重要，重要的是要提高效率。現今正在上演的，是一場高效率與低效率之間的對決，而不是互聯網與線下企業的戰爭。

## B2B行業創新：如何降低交易與物流次數

近幾年，慘淡的鋼鐵產業成為產能過剩的典型代表。然而在這個烏雲密布的行業中，卻出現一線曙光——二〇一五年，鋼鐵電商找鋼網的月交易量達到一百萬噸，而年交易量超過一百萬噸的零售鋼鐵貿易商，在全中國不超過二十家。

在很多企業從消費互聯網進入產業互聯網的今天，找鋼網確實是一個很好的案例，可以幫助大家思考，如何把競爭極其慘烈的血海，變成一片廣闊的藍海。

成立短短四年的找鋼網如何飛速崛起？我認為，關鍵在於大幅提升供應鏈效率。定義供應鏈效率的核心指標是什麼？

雄牛資本參與了找鋼網的C輪融資。雄牛合夥人李緒富認為，找鋼網應該像雄牛曾投資的京東商城那樣，**定位於供應鏈優化公司**。京東優化供應鏈的本質，是無限縮短從生產者到消費者的距離，讓商品的物流次數無限接近於兩次——工廠運到京東的倉庫，跟京東運送到消費者手中。

劉強東認為：任何一種互聯網商業模式，如果不能降低行業的交易成本、提升行業交易效率的話，最後注定會失敗。

鋼材的交易鏈冗長，物流次數約等於交易次數，李緒富認為，這意味著鋼貿行業效率極其低下。理論上，鋼材這麼笨重的商品從鋼廠出來，應該是直接發送到客戶那，或倒轉一次到客戶那。換句話說，物流次數應該是一次或兩次，鋼材倒轉的次數越多，企業的價值就越小，因為沒有提升效率。

找鋼網的核心價值在於，他縮減了交易次數和物流次數，大幅提升供應鏈的效率，並在此基礎上，開發出獲利模式。相信B2B企業，都可以從「找鋼模式」中獲得啟示。

## 提供優質服務，成為訂單入口

傳統的鋼鐵通路環節眾多，高成本而低效率。在二〇一一年前，中國鋼材供不應求，導致鋼廠和貿易商都不關注通路效率，因為各方都獲得了高利潤。二〇一二年後，鋼鐵業的產能過剩問題越來越嚴重，鋼材難賣成普遍現象。從大趨勢來看，提升賣鋼效率顯然是一個創業的出口。於是，王東、王常輝等人抓住機會，於二〇一二年五月推出了找鋼網。

看準趨勢後的難點，是如何看準切入點。交易平臺可以藉由匯集賣家的方式來吸引買家，也可以透過匯集買家的方式來吸引賣家。而傳統鋼材交易的環節是：鋼廠↓大代理商↓中間商↓零售商↓真正的用鋼企業。

鋼廠和大代理商之間有著長期穩定的合作，以找鋼網薄弱的創業資金，貿然去撼動這種關係顯然不理性。相較之下，鋼鐵零售商和中間商之間關係較弱。找鋼網找到的切入點，就是先匯集這批小買家，再以此吸引賣家進入平臺。

找鋼網快速吸引大批鋼鐵零售商的辦法，是瞄準他們的核心需求，解決他們找貨難的問題。零售商找貨到底有多難？一方面，鋼鐵業的銷售訊息高度分散，每一個賣家每天要對外發布庫存量、報價表，且格式各異。買家不僅找貨麻煩，而且很難了解哪家的貨最便宜；另一方面，購買鋼材需要經過比價、議價、詢價等十三個環節，非常複雜。普通買家購買一次鋼材，可能需要打十幾次電話，花上幾個小時，效率極低。

處理大規模資訊正是電商的強項，找鋼網開發的系統，能處理上千個賣家每日更新的資訊，匹配符合買家需求的貨物只需要幾秒鐘。找鋼網還把十三個購買環節簡化到三個環節——提交需求、提交訂單、付款，進一步提升交易速度；零售商找到貨後議價能力很差，找鋼網可以把零售商的小訂單聚集起來，再去和鋼廠議價。

找貨快、比價快、議價能力強，而且是免費服務，因此找鋼網促成的交易量迅速上升：二〇一二年九月二十五日，當日促成交易量突破七千噸，當月交易額突破三億五百萬元；二〇一五年底，當日促成交易量達到十萬噸。

免費促成交易使得找鋼網成為行業訂單的入口、買方雲集的平臺，自然會對銷售困難的賣方產生強大吸引力。

## 鋼廠自營與「保價代銷」

二〇一三年，開始有鋼廠與找鋼網合作，王東藉此推出「找鋼商城」，將業務模式成功擴展到鋼廠自營。到二〇一四年初，合作的鋼廠成長到十三家。到二〇一五年，找鋼網的客戶已涵蓋中國大部分的主流鋼廠。

鋼廠自營的交易環節，變成了鋼廠↓找鋼網↓零售商↓真正的用鋼企業，鋼廠跳過大代理商，不只是因為找鋼網的客戶多，還因為他們與大代理商產生利益衝突。

大代理商和鋼廠的合作是買斷制，一手交錢、一手交貨，鋼材價格漲跌，完全由代理商承擔。前幾年價格不斷上漲，代理商賺了大錢。這幾年產能過剩，鋼材價格持續下跌，代理商持續虧損，就不願進貨或想推遲進貨，這就會限制鋼廠的銷售規模，導致鋼廠營運風險大增，鋼廠和代理商的矛盾由此產生。

相較傳統的買斷制，找鋼網的鋼廠自營「保價代銷」模式，非常有利於擴張銷售規模，快速消化鋼廠庫存。

「保價代銷」模式如何運作？假設鋼廠當天的出廠價為每噸兩千元，找鋼網把這批貨接過來銷售，由於貨值較高，找鋼網要按每噸兩千元的價格全款付給鋼廠，但不結算。然後找鋼網開始賣貨，今天賣一〇%、明天賣二〇%……根據銷售進度，鋼廠會每天定價，找鋼網就在這個價格上加上約一％的佣金銷售。例如鋼廠定價每噸一千九百元，找鋼網會依一千九百二十元的價格去賣。找鋼網跟鋼廠每天對一次帳單，然後月底根據實際售價結算一次。那每噸兩千元不是真正結算給鋼廠的，可以算是貨物的全額保證金。

「保價代銷」模式能解決銷售規模的問題。年銷量過百萬噸的鋼貿商，之所以在全中國是鳳毛麟角，是因為價格波動讓鋼貿商不敢擴大規模。以二〇一五年七月為例，鋼價一個月每噸就跌了三百元，鋼貿商一個月賣十萬噸，就有七、八萬噸的庫存，八萬噸乘以三百元，一個月就虧了兩千四百萬元。

現在鋼鐵市場又處於頹勢，一噸可能賺三、四十元，兩千四百萬元得花多少時間，才能賺回來？找鋼網的「保價代銷」模式只賺少量佣金，但不承擔價格風險，這樣找鋼網就敢做大銷售規模，只要找鋼網的融資能力沒有上限，銷售規模也就沒有上限。因為「保價代銷」解決了囤貨賺價差的原始動機，找鋼網的利益就和鋼廠、零售商保持一致，規模迅速做大。

## 優化產業鏈，靠服務不靠價差賺錢

「保價代銷」其實是個定位的問題：到底是靠交易賺錢，還是靠服務賺錢。一旦賺交易的錢，就可能像傳統鋼貿商那樣被單噸利潤迷惑，現在確實有鋼鐵電商走上這條老路，卻嚴重虧損。找鋼網不追求單噸利潤，以低佣金來做大規模，再向下游做產業鏈優化，靠服務賺錢。

先來看找鋼網沒進入鋼貿行業前，這個行業的倉儲、加工、物流、金融是什麼樣的狀態。這些鋼鐵貿易領域的服務性行業有兩個共同點：一是行業中的公司規模都很小，所以成本高、效率低；二是這些企業和前述交易鏈沒有串聯起來，它們之間尚未串聯，形同孤島。這麼一來，鋼鐵零售商要談成一筆生意就很痛苦：既要面對鋼鐵貿易商，又要一一面對倉庫、加工廠，錢不夠時還得面對擔保公司。

現在找鋼網提供一連串的服務：零售商只要在找鋼網平臺上買貨，就有胖貓物流跟進去運貨，還有倉儲和加工服務。因為交易可監控，還有金融機構願意跟找鋼網，一起為零售商提供金融服務。

我以物流為例，看找鋼網如何提升行業服務。原先鋼貿行業的物流是司機跟著車隊，車隊再跟著配送站，然後配送站再向大鋼貿商找訂單。現在找鋼網取代了配送站，未來找鋼網希望推動司機安裝 App，讓車隊司機直接在找鋼物流平臺上，透過自己的報價搶小客戶的物流訂單，進一步透明化物流資訊、提高服務品質。

胖貓物流的主要利潤來自於許多小訂單。找鋼網有海量的訂單，因此能讓零單拼湊。例如甲客戶想送十噸貨到浙江海鹽，這時沒有司機願意做這單生意，即便有人接，單價也會很高，而找鋼網查到乙客戶有二十噸貨也需要送到海鹽，十噸和二十噸加起來正好是一輛小車的運送量。透過匯集零單，胖貓物流就能獲得較高的利潤。

胖貓物流不僅為零售商找車提供了便利，還能解決貨車空駛的問題。原先物流市場資訊不對稱，鋼材和貨車的匹配效率不高，導致很多貨車返程時空駛，或者送貨去目的地後在那邊多待幾天，等有貨後再回返，等待的這幾天是賺不到錢的。

找鋼商城一天有約二十萬噸的交易量（鋼廠自營＋貿易商聯營＋促成交易），共計六千個訂單，其中僅江浙滬地區就有三千個訂單，因此能提高匹配的效率。現在很多貨車司機的回程車不會空駛，也不必長時間停留等待，本來一個月只能出十次車，現在能出十五次車。

## 「找鋼模式」的未來：反向訂製

在未來，找鋼網能透過大量的交易數據，精準的分析客戶，把客戶的特殊需求歸納出來，然後交給鋼廠。鋼廠想要的是連續性訂單，特殊訂單只有一筆，通常不會想做。如果找鋼網說這種訂單每個月都會有，鋼廠就願意做調整。

舉例來說，現在鋼廠只生產九公尺和十二公尺兩種螺紋鋼，也許以後根據大數據，鋼廠也會生產五公尺、八公尺、十五公尺的螺紋鋼。有這樣的產品，客戶就不用再做切割，可以節省不少成本。客戶可能願意為新產品加價三、四十元，而鋼廠增加的成本可能只有十元，從中獲取的利潤，就會比常規產品高一些。

找鋼網已經開始嘗試做反向訂製。例如，找鋼網上有三、四十家封頭企業（封頭是一種鍋爐零件），每個月都需要兩、三千噸屬性偏軟的中板，但對板面整潔度等方面沒有要求。

找鋼網就向一家小鋼廠每個月下兩千多噸的訂單，專門提供給這些封頭企業。雖然是反向訂製，但鋼廠的成本其實下降了，找鋼網還可以擠壓鋼廠的利潤，以增加網站利潤，原先賣一張鋼板的利潤不到三十元，現在可以賺五十元。

在找鋼網精心開發的這筆生意中，交易環節是鋼廠→找鋼網→真正的用鋼企業，交易和物流次數已經精簡到非常理想的兩次，這是大數據帶來的效率提升。如果未來反向訂製得以普及，鋼鐵業的整體效率，將達到非常理想的狀態。

在產能過剩陰影揮之不去，生產物價指數（Producer Price Index，簡稱PPI）連續四十五個月負值的嚴峻現實面前，越來越多人發現，粗放式成長已經不再適合中國，提升效率成為各行業的必修課。大力發展B2B電商，是提升行業效率的方案之一。

王東提供了一個簡單標準，只要有線下批發市場的行業，都可以借鑒「找鋼模式」改造。如果把標準定得更具體，符合「上游過剩，下游海量」這兩個條件的行業，都比較適合做B2B電商。**上游產能過剩，銷售困難**，廠家才會產生改革層層批發的需求，需要更有效率的電商通路幫忙賣貨；**下游海量，才讓它們之間很難結盟**，沒有談判籌碼，中間環節的電商出現，中小買家就有了議價的籌碼。

找鋼網創辦人王東說，**B2B行業的效率極其低下**，是個巨大的機會。但要切中這個巨大的機會，每一個細分領域都有一個關鍵點，這個關鍵點還都不一樣。對於鋼鐵領域，這個關鍵點就是「保價代銷」。

以找鋼網投資的找鋁網為例，它抓住的鋁合金門窗行業的特性，是產品標準化程度極低。現在的鋁合金門窗行業亂象叢生，門窗公司會對客戶說：「你有幾十種產品可以選擇。」他們提供這麼多選擇，就是為了製造資訊不對稱，以便把價格拉開，創造巨大的利潤。「以次充好」現象也不少，例如隔音、隔熱的玻璃，很多廠家說得到但做不到。

因此找鋁網的切入點，類似智慧型手機的先驅蘋果和三星：制定行業標準。他要用極低的生產成本和較好的品質，去擊潰這個市場，打掉其他鋁合金門窗店或生產企業。

找鋁網的另外一個切入點，是抓住核心通路——裝修公司，讓裝修公司幫找鋁網接訂單。理論上，裝修公司應該在裝修住宅時連窗戶也一起做，但以前裝修公司不願接窗戶的訂單，因為鋁合金門窗行業太複雜，裝修公司不願意承擔這個責任。找鋁網提供優質、低價的標準化產品後，就會有裝修公司，願意和找鋁網一起開拓這個市場。

總之，把握好「上游過剩，下游海量」的共同性和行業自身的特性，是B2B電商的基本功課；減少交易和物流次數，大幅提升效率，是B2B電商的基本方向。

## 流程效率創新，互聯網是創造價值者的助力而非威脅

介紹線上零售、線下零售及Ｂ２Ｂ行業的三個案例，給價值傳遞者（通路商）提出轉型建議後，我還想談談，流程效率創新給價值創造者（生產商、服務商）帶來的深遠影響。

二〇一五年我受邀飛到新加坡，和新加坡的企業家談談近年來，移動互聯網為中國工商業帶來的巨變。講完一整天的課後，幫我翻譯的人問我，她的工作會不會被互聯網取代？我問她現今機器做同步口譯的成效如何？她說目前還沒辦法跟人比。我說，那就不用擔心。

很多人在想，互聯網到底在做什麼？在大變革的時代，一定要回歸到商業的本質思考問題。企業存在的意義是為用戶創造價值，這是不變的。我把這件事分成兩個環節，一個環節叫創造價值，一個環節叫傳遞價值。海爾做出冰箱，蘇寧把它賣掉，簡單來說，海爾是在創造價值，蘇寧是在傳遞價值。

**互聯網現今主要挑戰的，都是「傳遞價值」類企業**，例如沃爾瑪（Walmart）、蘇寧、萬達等。**對傳統的「創造價值」企業例如汽車，要心存足夠的敬畏。**

來看一個稍微複雜的例子——電視臺。我很喜歡一個叫做《最強大腦》的節目，製作這個節目的江蘇衛視，是創造價值，還是傳遞價值？除了電影、電視劇以外，江蘇衛

視的新聞節目、訪談節目和娛樂節目都是自己製作，從這個角度來看，它是創造價值；但這些原創的節目，又是透過江蘇衛視播放，電視臺就是傳遞價值，所以江蘇衛視既創造價值又傳遞價值。

但互聯網來了，互聯網挑戰了電視臺的哪個屬性？互聯網首先挑戰的，是它的傳遞價值，例如我很喜歡看《最強大腦》，但我很難每週在固定時間坐在電視機前，所以我通常是在有空時，才在網路上收看。

江蘇衛視當然更希望我在節目首播時，在電視機前收看，因為電視臺的主要收入是來自於收視率帶來的廣告費。雖然優酷這樣的影片網站，也付了一點節目版權費，但跟廣告費沒辦法比。然而電視臺發現看電視的人越來越少，網站上的觀眾越來越多後，主要收入受到極大的挑戰。

很多人不透過電視收看節目後，電視臺傳遞價值的屬性受到影響，所以互聯網首先挑戰的，是傳遞價值的屬性。

如果電視一打開就是優酷網的話，會帶來怎麼樣的變化？我們認真思考一下，「頻道」是什麼？頻道只不過是一組電視節目，按照固定的邏輯順序在播放而已。而在優酷上，有那麼大量的節目，理論上是可以有無數人去創造這樣的順序，也就是創造無數個「頻道」。所以如果電視打開就是優酷，你會被淹沒在汪洋大海般的「頻道」中，「頻道」幾乎變得毫無價值。那時重要的不是作為資源本身的頻道，而是頻道的內容。

羅輯思維就是一個典型案例。二〇一五年羅振宇拿到新一輪融資，估值十三億兩千萬元。羅輯思維是少有的不透過廣告獲利的媒體，可謂真正的「自媒體」。羅振宇從傳統媒體逃離後專心做內容：我就講好我的故事、錄好我的影片，不須考慮是否應該弄個網站、做個 App。影片可以放在優酷上，App 可以放在微信公眾號上，讓優酷和微信去和傳統媒體對決。但不管怎麼打、誰能打贏，都需要優質的內容。

「吳曉波頻道」是另一個典型案例，**內容越做越有價值、越來越知名。內容最終成就了平臺，變成用戶和更多內容聚集的地方**。《中國好聲音》、《爸爸去哪兒》也是。傳統媒體江河日下，最終撐下去的還是內容。

廣播電臺已經落寞多年，沒想到被私家車的普及化救回來。可是更沒想到，現今又要被「滴滴打車」幹掉了。司機現在只用手機收聽預約單，再也不聽廣播了。

我有一位在中央人民廣播電臺當主持人的朋友，在各個互聯網的廣播平臺上開通自己的頻道，專心做好內容。我另外一位當廣播電臺主持人的朋友，是上海的「金話筒」，電臺主管希望她轉型從事互聯網廣播平臺。我說：「妳真正有價值的是內容，做好內容，才是真正的轉型。」好的內容，只會越來越搶手。

再舉另一個行業的例子——餐廳。餐廳是創造價值還是傳遞價值？

大多數人會認為餐廳創造價值，我也這麼認為，但餐廳就完全是在創造價值嗎？它的每個部分都是在創造價值嗎？那也不一定。餐廳是典型「前店後廠」的商業模式，後面的廚房就是「廠」，前面用來吃飯的十幾張桌子就是「店」。其實真正創造價值的是後面的廚房，前面的十幾張桌子是用來傳遞價值的。

如果懂得區分創造價值跟傳遞價值，就會理解現今的互聯網到底在做什麼。

有一個訂餐平臺「餓了麼」在二〇一五年初，拿到三億五千萬美元的投資，它做了什麼？它並不是在自己的中央廚房做好快餐，然後送到顧客的辦公室，而是到顧客辦公室附近的餐廳把食物買來，然後送給顧客。這時，廚房創造價值的屬性沒有被取代，還是由他們來做飯；餓了麼、美團外賣、百度外賣，他們是用更高的效率，來取代那些傳遞價值的環節。

我經常出差，有時在酒店不一定想外出吃飯，就會用餓了麼或百度外賣來點餐。我有時會問送餐員，一天外送多少餐點？有人告訴我，餐廳現在有三〇%的餐點是內用，還有七〇%是以這種方式外送。大家想想，以前餐廳的廚房僅服務前廳，現在有七〇%是透過訂餐平臺外帶，這就意味著廚房的效率、價值被整整擴大了兩倍以上。

所以互聯網到底在做什麼？互聯網其實是**用更有效率的方法，取代原先傳遞價值的方式，並讓創造價值的屬性發揮更大的價值**。

而廚房裡就全是創造價值嗎？廚房裡真正在創造價值的其實是廚師，因為每個人的家裡都有鍋碗瓢盆、調味料。現今又出現一種新的商業模式叫做「愛大廚」，顧客可以請一個廚師到家裡做飯。

有一次，我在「愛大廚」的App上，請了一名四星的湘菜廚子到我家做飯。他戴著大白帽，穿著廚師的衣服，就在我家的廚房用我家的材料做了四菜一湯。做完後我一吃發現，真的是做得比我好吃。然後我就付給廚師六十九元的薪資，很多人可能心想：「怎麼可能這麼便宜。」但想想看，這個廚師如果中午和晚上各做兩家的菜，一天煮四頓的話（有的人家做四菜一湯，有的人家做十菜一湯），他一個月賺的錢，可能比他當餐廳廚師賺的還要多。

我再舉個例子——出版。我到目前為止一共寫過四本書，所以我知道中國出版業大概的流程：作者先寫書，然後交給出版社出版，再找印刷廠印刷。在沒有互聯網前，過去印刷完後，是找線下的書店賣書。

但互聯網出現後，出現了叫「當當」的網路書店，當當網賣的其實還是印刷出的實體書，但不透過線下的門市去賣，是用更高的效率降低成本，所以讀者可以在網路上，買到相對更便宜的實體書。當當網其實是透過更有效率的方式，砍掉了線下書店這個傳遞價值的環節。

後來亞馬遜又推出電子書閱讀器叫Kindle，它的優點是讀者連紙本書都不需要了。有這樣一個非常輕便的電子設備，就可以在裡面放幾千本書，隨時帶著看。出版社還是會出書，但就不需要印刷。所以電子書閱讀器做了什麼？它砍掉了傳遞價值的印刷廠環節，書一樣還是書，只是不需要印刷了。

後來又出現一個網站叫「起點中文網」，有人在起點網上連載作品，另外還有一些人在起點網上付費去讀這些文字，有人付費、有人讀，就成了一筆筆的生意。網路閱讀甚至沒有書的概念，完全就不需要出版，這下就有可能把出版社幹掉。

所以互聯網到底在做什麼？它一刀刀切掉那些傳遞價值的環節，讓創造價值者發揮最大的價值。

例如有一位網路作家「天蠶土豆」，在網路上寫連載小說。據說他去見中國作家協會的主席，協會主席就問他，一年能賺多少稿費。

「天蠶土豆」說，一年的收入是三千萬元。這麼年輕的作家，在網路上寫寫東西，一年能賺三千萬元，為什麼能做到？因為他用效率極高的方式，去掉所有的中間環節，接觸到一切可以接觸到的讀者，前提是他寫的東西真的很好。

原本出版社給作者的是八%至一二%的版稅，讀者買一本四十元的書，作者只能拿到大約四元，也就是十分之一左右，其他拿不到的九〇%，都是中間環節導致的。所以互聯網把傳遞價值環節一刀刀砍掉後，創造價值者得到更多利益。

過去的線下經濟時代，廣告和通路可以把一些二流的產品，賣得比其他二流的產品更好。互聯網沒有辦法把二流的產品變成一流的產品，但**互聯網在縮減廣告、通路等傳遞價值的環節後，讓一些真正一流的產品，可以用最短的距離接觸到消費者，讓真正一流的產品可以擁有最多的客戶，享受最大的價值**。

回到一開頭，我跟那位幫我翻譯的人說，妳要提升同步傳譯的能力、建立口碑、用互聯網的方式來傳播，以獲得更多客戶。提升專業能力，不僅是給她的建議，也是給中國的製造業和服務業的建議。

我認為，服務業未來的一大機會，是利用大平臺做優質的前端服務。

互聯網在二〇一五年已經明顯受挫，有很多O2O公司倒閉，主要原因是線下的小前端支撐力不夠，服務品質得不到保障。

例如麥當勞喜歡用澱粉含量高的馬鈴薯，適合油炸；西餐廳喜歡澱粉含量低的馬鈴薯，適合做沙拉，但中國的食材大都沒有分類好，滿足不了各種餐飲業的配送需求，這個問題難倒了很多生鮮電商。

又例如，我曾經用打車App連續叫車三次，司機卻都不來。還有一次，我在外出差，忙完回到酒店，只想一個人在房間吃東西，於是用互聯網點餐。沒想到飢腸轆轆等了兩個小時後，接到餐廳電話，說：「哎呀忘了送，你還要嗎？」言下之意是，如果要的話，再餓一小時；不要的話，餓死算了。

我餓暈了後，決定戒掉這個網站。可是隨著戒掉的網站越來越多，我發現，再戒下去就沒有可用的了，於是我回到平衡使用線下已知品牌和互聯網O2O並重的狀態。

「去中心化」的價值觀和線下營運能力之間的矛盾，成了O2O的主要矛盾。**多少O2O生於投資、困於營運，被罵死於失去控制的服務品質。**

互聯網大平臺要落地，前端一定要做好，因此**今後有很多做優質前端的機會**。如果是個人，可以做成超小的前端，例如當個服務很好的家政婦或做菜很棒的廚師。如果能力再強一點，可以建立一個很好的廚師聯盟或家政公司。在互聯網時代做前端，不至於空有好手藝卻無人問津。

例如有人在百姓網（Kijiji，分類廣告網站。臺灣稱之為奇集集，已於二〇一五年停止營運）上創業，提供上門維修服務，用戶一旦需要上門維修就能找到他。現在政府倡導「大眾創業萬眾創新」，我認為大眾創業的主要機會是做優質的前端，不僅創業門檻低，可以不用尋找風險投資，而且前端做好還會特別搶手。

製造業的機會，是轉型做優質、低價的新商品，服務「新中產」。

一億新中產的崛起，是近幾年中國經濟的大事件。新中產大都是理性消費者，他們掀起了去日、韓、歐、美購物的熱潮，因為相比之下，國外的商品又好又便宜。因此一億新中產的消費需求，有很大一部分流失到國外。

國際品牌為了搶占中國的新中產市場，還直接入駐天貓平臺。這批廠商有自己的產品、自己的品牌、自己的創新。現今的電子商務已經變成他們的機會，早期賣低品質、低價商品的電商紅利期消失了。

在這輪新中產市場爭奪戰中，中國的手機業和白色家電是較有競爭力的。因此，像小米、華為、海爾那樣，提供優質、低價的新國貨，這將是持久的巨大商機。

那大家該怎樣抓住這一商機？只要在國外看到某類產品，比中國又好、又便宜（例如中高階的皮鞋和化妝品）就代表中國做得又貴又差，你就有機會衝進去，把它做得優質、低價，從而滿足一億新中產的需求。這個方法，我在名創優品和必要商城的案例中已經介紹，供大家參考。

# 06 從互聯網化到商業進化

**先**從宏觀層面，看四大創新之間的關係。互聯網化之所以在近年成為重大話題，是因為線上和線下效率的巨大落差。在解決資訊和資金流通問題上，互聯網的優勢極其明顯，因此近幾年的商業史就是改造互聯網、提升傳統產業的歷史，這屬於前面所說的流程效率創新。

但從二〇一五年開始，互聯網高歌猛進的趨勢開始放緩了。套用習近平的名言，可以說這是因為「容易的、皆大歡喜的改革已經完成了，好吃的肉都吃掉了，剩下的都是難啃的硬骨頭」。

什麼是「難啃的硬骨頭」？新媒體平臺再厲害，也需要有人源源不斷提供優質內容；O2O平臺再大，也需要大批優秀的家政婦、廚師和美甲師提供服務；電商平臺再強，也需要大量的優質、低價商品吸引消費者，假貨橫行是難以長久的。

由此看來，**真正難啃的硬骨頭，是創造價值環節的落後**，這是二〇一五年中國政府多次提出「供給側改革」的原因所在。這方面的問題不解決，線上和線下通路在傳遞價值方面做得再好，前途也有限。

會有越來越多人意識到：中國企業的這一大轉型，**互聯網化不是終點，全面的商業進化才是最終目的**。互聯網化帶來的流程效率創新，是商業進化的一個方面，產品和服務的基礎技術、工程技術和使用者中心型創新，是商業進化的另一個方面。

再從微觀層面看這四大創新之間的關係。

當你的公司把東西做得好到別人不可比擬時，你就擁有定價權、談判的籌碼，就可以把產品賣出高額的定倍率。

那要怎麼做出別人不可比擬的好產品，享受到紅利？要麼在基礎技術、工程技術上創新，要麼在使用者體驗上創新。越往基礎技術方向創新，被別人取代的難度就越大，創新紅利的週期就越長；越到使用者體驗級別的創新，創新紅利的週期也許就越短。反正不管是哪一種創新，做到了別人做不到的事情，就有差異化競爭優勢。

但如果到最後，其他企業不斷迎頭趕上，差異化越來越小時，很多企業就開始比流程效率創新了，就像名創優品和必要商城。

企業在競爭中要麼獲得性質（效果）的優勢，要麼獲得價（效率）的優勢。如果能做到東西又好又便宜，那就足以獲得巨大的產品位能，成為市場的領導者。

## 本章思考題

1 請列舉自己所處行業的四大創新類型的案例。

2 請查閱伊隆・馬斯克與NASA的技術合作案例，思考自己公司與國內外科學研究機構，有關基礎技術或工程技術合作的機會。

3 如何從便捷、品質、有趣和設計這四個角度，改善自己公司的產品或服務的使用者體驗？

4 自己所處的行業能否實現模組化和數據化，從而實現產品的個性化？

5 請結合社交紅利的內容思考：如何與客戶互動，從而發現產品的創新機會？

6 你所處的行業是否正被流程效率創新顛覆？如果還沒有，是否存在這種可能性？如果存在這種可能性，該如何做應對方案？

# 第四章

# 組織先進化，才賺得到趨勢紅利

# 01 勿打掉重練，創新機制有七：二：一法則

利用趨勢紅利，推高產品位能，增加行銷、通路的動能，盡可能抓住更多的客戶，看似構成完整的「企業成功能量圖」。但還有一個重要的部分，也是整個「企業成功能量圖」的基礎——組織。所有上述的努力，都是靠人完成的。而聯合一群人，發揮最有效的努力方式，叫做組織。

我在以前出版的書中，不斷強調一句話：「傳統企業轉型的問題，到最後都是組織的問題。」所有轉型方法無法成功，都是因為沒有深入的觸及組織問題。

正如《哈佛商業評論》（*Harvard Business Review*）所說：「有些人傾向認為，戰略已經失去意義。我的看法恰恰相反，我認為戰略的重要性達到前所未有的高度，但今天戰略存在的目的，不再是為了維持現狀和優勢，而是為了打破現狀。」戰略一旦調整後，組織如何隨之改變是個重要課題。

在「企業成功能量圖」中，我把組織能力作為「產品、行銷、通路」的基準線。好的組織模型，能把後三者的基準水平提高。那麼，什麼才是「好的組織模型」？或者，

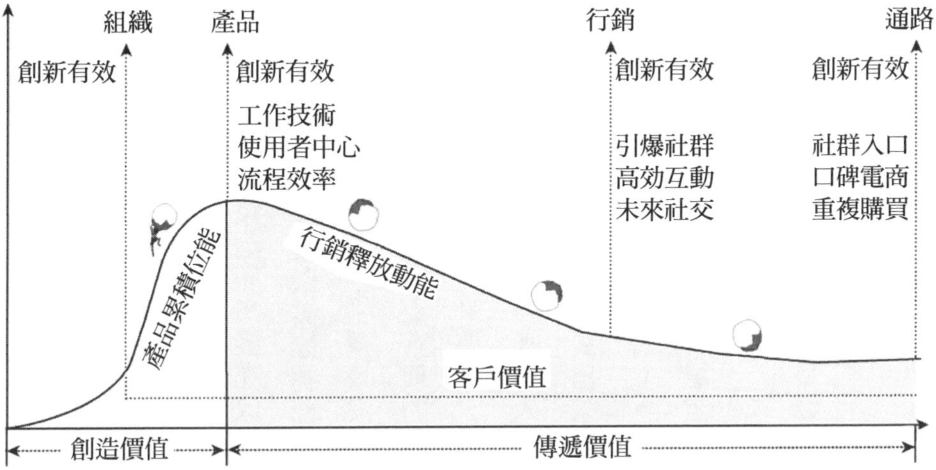


組織也是企業創新中，不可或缺的一部分。

用進化論的語言來說，**什麼才是「適合這個時代的組織模型」？**

組織的目的，是讓一群人用「一加一大於二」的邏輯，實現個人無法完成的目標。為了實現這個目的，需要有戰略，就是實現這個目的的路徑，以及一群「全心」願意為此努力，「全腦」都被調動的團隊。

實現這一點的核心是激勵。某世界著名連鎖咖啡店的App，我（Android六．〇）已經有一段時間無法登錄。我透過人脈，請教他們中國區的副總裁，得到的回答是下載最新的試試看。可是，我下載的已經是最新版本。

整個組織對互聯網沒有快速反應的能力，是因為沒有對應的組織結構、反應機制激勵每一個員工，以及高階主管掌握互聯網、擁抱變革。這樣的話，很多轉型的嘗試，如同花瓶。

二〇一五年九月，一位世界五百強企業的高階主管在微信上問我，遇到轉型部門和傳統部門之間的價值觀、考核激勵等衝突時該怎麼辦？我不是第一次被問到這個問題。我跟他說，最近我協助不少外商轉型，例如易趣、康寶萊、惠氏（Wyeth）等。

其中，有家酒店集團在成都想設棋牌室，因為成都人很喜歡打麻將，所有當地酒店都有棋牌室。之後跟美國總部報告，解釋很久什麼是麻將、麻將和賭博的界線、法律風險有多大等。最後……還是沒被批准。美國人在中國開公司的心態就是：多賣東西少犯錯。但就算有這種向上管理的智慧，你有向上管理的動機嗎？這背後，還是組織的激勵機制。

大部分企業創業的那一天，沒有確定的組織形態，在大戰略不斷調整的情況下自然生長。創業的組織是生長出來的，不是規畫出來的。創業成功後，企業進入成熟期，大部分企業開始「戰略流程化、流程工具化」。這時候，組織形態差不多已經定型。企業走向成熟期，就是戰略被驗證的過程，和組織匹配戰略的過程。一旦組織發展合理，這家企業將進入顛峰。

每家企業都希望，在自己的成熟期永遠待下去，但外界的環境變了，開始需要新的戰略。

二〇一三年前，要評價一家公司有個好老闆，大家通常是怎麼評價的？大家說：「這個老闆厲害，出去打一整天的高爾夫，沒有接到一通電話，這家企業管得好；一個企業老闆出去爬半年山，公司都不去找他，這個老闆厲害，這個企業管得好。」這是因為戰略和組織很匹配。但二〇一三年後，幾乎所有爬山的老闆都回來了。因為環境變了，企業的基本戰略也要改變。

在成熟期的企業中，不斷優化的流程加上專業經理人，可以獲得穩定的成長，員工行為和企業成功之間的關係被驗證，而我們常用ＫＰＩ去激勵員工完成指定的行為。

可是在創業、轉型期間，員工行為和企業成功之間的關係需要重新被驗證，這時候，就不能僅激勵員工完成指定的ＫＰＩ和行為，而是要激勵員工運用「全腦」，為了共同的成功目標，不斷嘗試新的行為模式。

轉型相當於創業，我見過不少傳統企業老闆抱怨，員工沒有創業精神。其實這僅因為他們沒有在創業，他們也不是老闆。老闆掌握轉型公司一〇〇％的股權，卻要求員工像老闆一樣工作，這不現實。一切人的問題，最終都是治理結構的問題。

成熟期的企業，組織激勵政策是針對人的手腳（行為）；在創業、轉型期的企業，組織激勵政策就是針對人的全腦（創新）。從組織的維度看，變革時代激勵方式的變化是一切戰略變化的基礎。我非常喜歡中國企業家陳春花的書《激活個體》中，裡面提到的一個概念。

創新，源自人的創造力。企業的負責人很有創造力，能想出一、兩個絕妙的想法，這並非最重要的，因為他的想法永遠有限，而且也是需要市場驗證。

所以對變革型企業或正在進化中的企業來說，最重要的是要讓整個機構有創新的能力，就是獲得新能力的能力。怎麼做才能有這種能力？那就是設置新的結構、恰當的激勵體系，以及合理的選擇機制，這樣的企業會處在生生不息的狀態中，自我生長出企業負責人想像不到的好想法，且最終被合適的選擇機制篩選出來，帶著企業適應這個時代的變化。

從海爾、韓都衣舍等眾多轉型案例中發現，面對變革時代，確實有一種「全腦紅利」存在。激發並使用這種全腦紅利，在不確定成功方法的情況下，讓每一個員工的智慧被激發，是企業是否能推動產品、行銷、通路變革，享受另外三大趨勢紅利（流量紅利、社交紅利、創新紅利）的基礎。

## 不是「自殺重生」，要漸變式創新

我把傳統企業獲取「全腦紅利」，打造創新力的方式，根據技術的不確定性、市場的不確定性分成三種：延續性創新、平臺型創新、顛覆式創新。

我把技術不確定性、市場不確定性都相對較低的創新，稱之為「延續性創新」。也有不少人稱之為「微創新」。

兩個陌生人之間的基因，相似度高達九九．五%以上，因此轉型企業說自己要徹底改變，這是不現實的，也是不必要的。對大多數企業來說，主體核心不能隨便變。在沒有建立新能力時，就放棄舊能力，真的就是「轉型就是找死」。我認為，並不是每一家企業都應該「自殺重生」。大部分企業應該是透過漸變式創新，或稱之為延續性創新，來獲得進化。

即便是在巨大變革的今天，絕大多數企業都應該在過往成功的基礎上，**基於現今的核心能力去拓展未來的能力**。例如一個人過去肌肉很發達，那就繼續練得更加發達，以拿起更重的武器。

來看一些案例：「案例教學法」本身就是一個「延續性創新」，它大大提升了哈佛商學院的美譽度；再例如海爾把冰

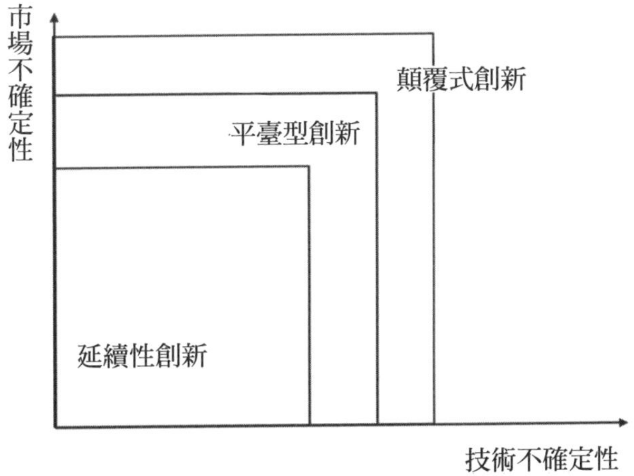


根據技術的不確定性、市場的不確定性，打造創新力的方式可分成三種：延續性創新、平臺型創新、顛覆式創新。

箱和洗衣機做得更小巧、更省電，是製造業的延續性創新；火鍋店海底撈提供免費的美甲服務，是服務業的延續性創新。

延續性創新，是企業的一種重要選擇。企業過去也許已經做得不錯，但新挑戰來臨，就需要在原有的基礎上做得更好。延續性創新大概占公司創新的七〇%。

第二種方法叫做平臺型創新，機構創新時並不要求每個團隊獨自創新，而是搭建一個平臺，基於公司今天的外部市場、內部資源，給員工一段創新的時間、一些創新的資源，去做新產品、新服務的開發，企業跟員工共享未來的收益。用相對獨立一些的「平臺型創新」，應對技術不確定性與市場不確定性，都相對更高的變革環境。

例如你做一些核心的研發，公司覺得這個想法不錯，就投資一些錢，支持你去創業，在創業過程中還可能提供供應鏈、通路等資源的支持。如果創業效益真的很好，那麼你可以選擇用當時的市價，把公司最初的股份回購，公司獲得投資收益；或公司繼續投資，幫助你把事業進一步做大。組織內部當孵化器，就是一種平臺性創新。這種創新，成敗一部分是由市場選擇、一部分由公司來選擇。

來看一個具體案例：創業板上市企業冠昊生物，二〇一三年投資建設了冠昊生命健康科技園，並在兩年內，引進近三十個生命健康科技項目和中小企業，為它們提供從資金、創業導師、實驗場地、研發儀器設備、銷售通路等，全方位的專業孵化服務。

冠昊為什麼要推行平臺戰略？冠昊是生物醫療領域為數不多的上市企業，它用近二十年時間，以資金打造生物醫藥科學研究成果產業化的平臺，但產業化的能力只服務於冠昊自己的幾個產品，實在太浪費了。冠昊建設孵化器是希望搭起平臺，向同領域的初創企業開放資源和通路，帶動大家一起奔跑。以平臺方式打造創新集群，顯然有利於提高企業自身的競爭力。平臺型創新，大概占所有創新的二〇%。

第三種方法是顛覆式創新，是技術不確定性、市場不確定性都最高的創新模式。雖然顛覆式創新聽起來非常厲害，但不是每一家企業都需要顛覆式創新。顛覆式創新不應該成為所有企業的主要變革方向，否則它將失去今天賴以生存的主要能力，很可能還沒有獲得新能力就消失了。

顛覆式創新，大概占一〇%左右的創新比例。用人體來比喻的話，顛覆式創新的目的，是獲得全新的基因（能力）。可是這種新的基因，通常不太容易從母體裡獲得，而且甚至因為衝突，新的基因一旦進入母體，母體的免疫系統會把新的基因，當作病毒或癌細胞，把它給殺死了。

所以新的基因通常是外部化的，新的基因通常是透過併購、投資，或成立一家新公司的方式來獲得。例如谷歌收購全球最大的影片網站 YouTube；臉書花一百九十億美元，收購世界最流行的即時通訊應用程式 Whatsapp，這麼做鞏固了它們在全球互聯網的領袖地位。

那麼，如何判斷何時應使用延續性創新、平臺型創新和顛覆式創新？關鍵就在於，企業面臨的變革環境，其技術環境和市場環境。如果技術和市場環境都進入大變化，採取的戰略路徑、技術、市場的不確定極大，則「斷臂求生」的顛覆性創新也許更合適。否則，應該選擇更加適合企業變革環境的平臺型創新、延續性創新。

三種不同的方法——延續性創新、平臺型創新和顛覆式創新，三者的比例在整個行業變革時期，大約是七：二：一。個體企業，要選擇適合的創新組織模式，才會讓轉型企業以較穩定的步伐創新。

我把「技術不確定性、市場不確定性」連接到現今中國的現實情況。互聯網首先是透過連接的方式，消除資訊不對稱，極大提高效率。所以互聯網主要挑戰的，是基於資訊不對稱而存在的「傳遞價值」類企業。

因此，不少傳遞價值類的企業，例如零售（蘇寧、沃爾瑪）、金融（銀行、證券），可能必須面對顛覆式創新。而絕大部分創造價值類的企業，例如製造（工業品、日用品）、服務（餐飲、汽車修理），可能真正需要的是延續性創新。

提升組織創新能力的關鍵，是啟動組織裡的個體的創新能力。但創新通常是無序的，無序的創新必須有選擇的標準，前文說過，選擇的標準就是趨勢紅利。有了選擇標準，還要有選擇機制，即由企業內部或市場來選其中有價值的，順應時代趨勢的改變，進而讓這個企業本身發生一場變革。

延續性創新的選擇機制，是由機構內部來選擇，因為機構對現有的市場和客戶最了解；平臺型創新的選擇機制，一半是機構選擇，一半是市場選擇，例如外部的風險投資是由市場決定，員工被放到孵化器是公司來決定；顛覆式創新是對原來的一種破壞，所以這部分一定要外部化，主要由市場來選擇。

延續性創新、平臺型創新和顛覆式創新的組織設計，是三種「創新—選擇」機制。現在來分別看看，這三種「創新—選擇」機制，如何「啟動個體」，享受變革時代的「全腦紅利」。

# 02 三大全腦紅利：孵化那些不安分的靈魂

延續性創新，就是用創造力把原來的事情做得更好。因為這需要激發更多的員工，在他們每天的工作中持續發現、不斷改進、激發個體，用到「全腦紅利」，所以我有幾個建議。

## 延續性創新：文化、競賽、培訓

首先，想讓每個人都能基於本職工作創新，核心是要建立一種創新的文化。

我每年進行一百多場演講，很容易在臺上看出一家企業的文化。有些企業，自由發表意見，在會心之處哈哈大笑；而有些企業，笑之前，所有人的眼睛偷瞄向一個方向，而那個方向的人面無表情、不置可否，這就是文化差異。第二種企業的文化，即是所有人表達前，即便要不要笑一下，都要高階主管事先首肯。在這種企業中，你覺得員工能自由創新嗎？

有一次，我和某美國上市公司的全球高級副總裁、中國區總裁吃飯，他們感嘆美商在中國訓練了一批人如何待人。他說，他還是個經理時，新總裁上任，他忍不住批判現狀。幾天後，公司通知他漲薪五〇％，為什麼？公司說他很優秀，因此想提高競爭對手挖人的成本。如果公司通知他，我們不喜歡抱怨的人，這家企業估計就失去今天的中國區總裁。

這種「創新文化」起點是允許不同，更允許犯錯，就是當創新的做法出錯時，大家更關心從錯誤中學習新的經驗、學習，總結經驗，而不是去追究犯錯的責任。犯錯，是創新的必然產品。

創新文化需要相關機制保障。每個企業在既有的產品基礎之上，都要留一定的時間創新。谷歌將二〇％的時間作為員工的自由時間，用這個機制激發大家的創造力；寶僑留二五％的時間做創新；3M公司留一五％的時間讓大家做創新。另外，建立「創新獎金」的機制，對每一個有效的創新給出獎勵，可以激勵員工獲得創新帶來的收益。

除了創新文化，第二個更具體的方法是舉行「創新競賽」，公司每個季度舉辦關於創新的比賽，比賽是基於各自的部門、各自的工作進行。大家的創新都是基於今天的產品、今天的流程、今天的客戶關係方面的提升。這就是「延續性創新」。

不斷讓自己的產品做得更好，立於不敗之地，這非常有助於企業在既有的市場裡，獲得更大的競爭力，或提高競爭對手取代你的難度。絕大部分公司可以用這樣的方式來做創新。

第三，進行創新方法的培訓，讓員工獲得創新的能力。在這方面有不少方法，《盒內思考》（*Inside the Box*）這本書裡，列舉了一些提高個人（員工）創新能力的系統性方法，就可以參考。作者認為，企業可以透過減法策略、除法策略、乘法策略、統籌任務策略和關聯策略實現創新，這是一套很好的方法。

「六頂思考帽」也是非常經典的方法，有人負責提供基本訊息，有人負責提出創新建議，有人提出批評意見。這套方法有助於形成完善的創新方案，已經被運用在一些企業中。還有「連續問五個為什麼」，不斷深究，觸及本質，就會讓大家對問題的本質，產生很多的思考。

建立創新文化、舉辦創新競賽、提供創新培訓，並持之以恆，是延續性創新的核心。這中間，持之以恆又是核心的核心。

我聽過一個故事：天津一家企業連年虧損，最後被一家日本企業併購，很快轉虧為盈。記者採訪時問是用什麼新辦法，讓這家企業這麼快就出現轉機？日本企業家回答：「我沒用任何新方法，只是把原來這家企業的老方法，嚴格的執行而已。」

關於前面提到過創新競賽，如果真的有一個非常好的想法，不僅是對原部門的延續性創新，可能還是對整個公司更有價值的新戰略，它可能被開發成一個新的產品，或孵化出一家新的公司，不但能滿足現有的客戶，還能滿足企業在過去沒有接觸到的客戶，進一步擴大市場。那麼，這就是平臺型創新能做的事。

簡單來說，平臺型創新就是公司提供資源或變為平臺，讓真正有創造力的員工成為主角，發揮創造力，並因此帶來獲利。

## 平臺創新：兩種孵化器模式

為什麼在「延續性創新」和「顛覆式創新」中間，需要有個「平臺型創新」？這和時代變革的特性有很大的關係。

在一個大變革的時代，幾乎沒有人敢說自己能預知未來，這導致企業戰略的窘境。在大變革的時代，若看到未來有一百種可能性，而每種可能性都有一百家公司在做，那麼市場上就有一萬家公司在「創新」、在試錯。

對於一家創業公司來說，它有萬分之一的可能性，成為新的巨頭企業；而對於現今的巨頭企業，它有萬分之一的可能性，保住自己的地位。當然巨頭企業擁有的人才、資本、資源也大得多。假設巨頭企業有大於小公司一百倍的優勢，那麼它將有百分之一的機會，成功度過這個大變革的時代。這百分之一的機會，來自極其精準的戰略眼光，和極其凶猛的戰術執行。

這也是為什麼很多人說，「小公司幾乎必然打敗大公司」。準確一點的說法應該是，新公司幾乎必然打敗舊公司；再準確一點的說法應該是，一萬家能力為一的新公司加在一起，幾乎必然打敗能力為一百的那家舊公司。雖然代價是那一萬家公司中，最終會有九千九百家倒掉。

那麼，有多少企業的負責人，能有「極其精準的戰略眼光，和極其凶猛的戰術」，來打贏這場戰爭？賈伯斯算是一位有預言未來的戰略眼光的人才，但放眼世界，很難找到第二個賈伯斯。

所以很多企業家選擇的，是自己不瞎猜的戰略，讓戰略在將士中自己生長出來。企業需要一套機制發現他們、孕育他們，然後不斷投資那些被不斷驗證的戰略。他們選擇「用自發組織的方式，解決動態戰略的問題」。例如海爾，把企業做成平臺，員工都是創新者。我稱這種方式為「平臺型創新」。

關於「平臺型創新」，我有兩個建議。第一個建議，是在企業裡形成一個孵化器，可以稱之為創新孵化器、未來中心或創新中心。讓一些符合標準的，例如符合公司的戰略方向，以CEO為代表的高層，覺得這個創新有可能對公司的未來發展形成較大貢獻，就允許員工帶領一個小團隊進入孵化器。

這時要注意：**這個創新團隊是否願意降薪，進入孵化器**。

這非常重要，考驗團隊願不願意承擔一定的風險，其實也是考驗這個團隊，對這件事的信心和投入程度。例如只賺取基本薪資進入創新團隊，但他們享有這個產品較長時間的分紅權，獲得長遠的收益，這樣創新團隊才有一定的風險和壓力，也會被未來可能更大的收益所激勵。如果只有可能的收益，卻沒有任何風險，進入創新孵化器後，風險將會降臨在沒有人真正對此負責的「孵化器」上，失敗率會大增。

第二個建議，是採用類似於海爾的方法。在創新孵化器的選擇機制中，機構選擇比較重要，海爾也是做孵化器，但更傾向於市場選擇。海爾小微企業（按：小型企業、微型企業、家庭加工企業、個體工商戶的統稱）孵化成功的關鍵，就是**要拿到外部的投資**。**一旦拿到外部的投資，公司就會做出相應的投資**。獲得外部的投資，在一定程度上代表市場的認可，這是用第二種方法來做創新中心。

互聯網時代開始大量出現平臺型企業，企業利用互聯網連接一切的能力，將員工、管理者、客戶、供應商、投資方聚集在一起，而企業營運的效率得以提升。在此，我主要談企業如何用平臺模式提升創新力。韓都衣舍的「平臺加小組」模式和海爾的「平臺加小微企業」模式，非常值得傳統企業參考。我用這兩個案例，說明平臺型創新的具體做法。

## 韓都衣舍：平臺加小組

在服裝類淘品牌中，韓都衣舍、茵曼、裂帛是三個最著名的品牌。近年來，這三個品牌的百度指數（按：以百度大量使用者行為資料為基礎的資料分享平臺）對比中，韓都衣舍增加速度不斷加快，明顯拉開與後兩者的距離。至二〇一六年二月，韓都衣舍的百度指數突破兩千四百點、茵曼接近八百點、裂帛接近七百點。

韓都衣舍比兩者的總和還多，這充分說明韓都衣舍的巨大品牌活力。我認為，韓都衣舍的成功，來自於組織變革。韓都衣舍創立於二〇〇八年，創辦人趙迎光用七千元開始在淘寶做女裝，到二〇一四年度銷售額達十五億元，這是由兩百六十八個小組，共建的二十個品牌創造出來的。

傳統服裝企業的老闆，基本上都會參與挑選款式，但畢竟一個人的能力和精力有限，在大量選款時，失誤率會比較高。

韓都衣舍吸取行業教訓，決定匯集眾人之智，推出「小組制」，從設計師部、商品頁面團隊及管理訂單等部門中，各抽出一個人組成三人小組，這些小組可以決定款式、定價、生產量和促銷方案；每個小組也能自由支配資金額度，銷量越大，額度越大，可以下的新訂單也就越大。

同時，小組要對經營結果負責，根據毛利率、資金周轉率狀況分紅。這種機制使得每個小組都有很強的動力，能充分激發出每個人的能力。

每個經營小組，跟攝影小組、生產小組等直接接觸，這些小組能力越強，收入就越多。看了小組的營運模式，再來看韓都衣舍的平臺支持。

韓都衣舍集團下，設有品牌規畫組與營運管理組，品牌規畫組會協助新品牌，解決前期市場調查、商標註冊、智慧財產權保護等工作；當新品牌的營業額超過一千萬元，由營運管理組接手，支持其發展壯大。

企畫部負責掌握品牌和服飾類別的產品結構和銷售，為品牌規畫組和營運管理組提供專業建議。每個子品牌除了產品團隊，還會搭配行銷團隊增加產品賣點。

總之，平臺和小組密切配合，造就了韓都衣舍快速而又穩健的成長。二〇一六年二月二十三日，韓都衣舍天貓旗艦店粉絲收藏數，為九百八十五萬五千人，逼近千萬大關。在天貓所有店鋪中，韓都衣舍旗艦店一直居於第一的領先地位。大量的收藏數，充分說明消費者喜愛程度高、市場占有率高。

## 海爾：平臺加小微企業

海爾創辦人張瑞敏一直是令人尊敬的管理哲學家。面對互聯網，他提出了「人人創客」。海爾把幾萬人的企業，拆成幾千個小微企業，每個小微企業，都有自己的三張財務報表。海爾希望透過與客戶零距離互動，面對未知的未來，激發員工的創造力，帶來由下而上的變革。

海爾讓企業成為創業平臺，讓千萬個小微企業來海爾平臺創業，這是一個大膽的嘗試。很多人特別關心，海爾這麼轉型真的能成功嗎？

目前海爾集團的七萬多名員工中，已經有兩萬人離開企業加入創業大潮中。整個企業變成一個動態平臺化的組織。以前的層級結構是一層層的，主要負責溝通傳遞，把客戶的一線需求傳遞到頂層。現在則是「平臺加小微企業」，員工團隊直接和客戶接觸，以前上傳下達的中間管理層大部分就不需要。這些人大部分轉型為創業項目負責人，還有一小部分是直接淘汰離開企業。

改革後，員工的創業熱情有很明顯的改善，因為他們自己投入資本創業，角色完全變化，以前可能是被動打工，現在自己也是老闆。光有員工的創業熱情是不夠的，海爾的創業平臺「海創匯」，能為創業團隊提供五方面的專業服務：

海爾的**創客工廠**，有價值幾千萬的3D列印設備，可以為小微企業提供模具試製開發服務；海爾的**創客學院**可以提供管理、融資、上市等方面的培訓；海爾創客**服務平臺**提供財務、人力、法律等方面的諮詢服務；海爾**創業基金**有十三億元的資金，可用於投資創業項目；海爾在青島還有**創業基地**，也就是所謂的孵化器，海爾稱為加速器，一些比較成熟的項目，需要加速的話可以到這個平臺上，發展上市。

在小微企業和創業平臺的共同努力下，目前已經有不少成功案例：雷神筆記型電腦、iSee的迷你投影機、咕咚手持洗衣機、焙多芬智慧烤箱、馨廚冰箱、有住網……其中有相當多的小微企業是外部來合作，例如種菜神器、健康醫療設備……眾多小微企業的成功，對作為平臺的海爾意味著什麼？

海爾的收益分兩部分，第一部分是股權收益。小微企業的資本是海爾出一部分，個人出一部分，再加上風險投資。跟海爾發展的產業方向有關的小微企業，海爾占大部分股份；跟海爾的產業規畫不是直接相關，但市場前景很好的小微企業，海爾占的股份就比較少。

海爾的第二部分收益，是抓住未來的新產業機會。以前是海爾出去找新產業，找完後找另一個團隊開始做，但結果往往不行。現在這個創業平臺，只要全世界有好的團隊，都可以進來。

有人問，海爾在最好的時期，拿出這麼多精力和時間建設創業平臺，會不會耽誤不少市場機會。但我訪談海爾集團戰略部總經理張玉波時，他說：「海爾不單追求業務規模上的成長，更關注這個創業轉型戰略，到底能不能成功。因為，這才是未來。」

中國改革開放史上，有個經典的課題：改革、發展和穩定的關係，企業轉型同樣要處理好這個問題。海爾轉型十年收入的複合年均增長率（Compound annual growth rate，簡稱CAGR）為六%，利潤的複合年均增長率為三〇%，利潤成長是收入成長的五倍。不管轉不轉型，海爾產品（冰箱、洗衣機）在市場上的競爭力還是不容撼動，如果轉型就撼動了，那麼就說明轉型失敗。

還有不少人關心，海爾成為了一個平臺，那他和眾多小微企業具體上，是什麼樣的關係？海爾創業平臺最終會演變成什麼樣子？

目前這兩千個小微企業，可以說都是海爾的，因為他們離不開海爾的資源；也可以說都不是海爾的，因為他們**脫離了傳統家電平臺**。

目前有五萬名員工都是在海爾平臺上，有一部分員工已經不再和海爾簽僱傭合約，他們是小微企業的成員，從某種意義上來說，跟海爾集團已經沒有僱傭關係。

如果再往下發展，海爾就完全是一個創業投資平臺。到時跟海爾直接簽約的員工可能只有幾千人，甚至幾百人，但海爾不完全是個投資機構，因為投資機構沒有品牌，不會追求產業的發展，只要賺錢就行了。海爾還是有自己的品牌，有自己的產業方向。

張玉波對我說：「海爾認為沒有成功的企業，只有時代的企業，我們還在探索，我們認為戰略方向是對的。以前的海爾是封閉的，生產、研發等都是自己做，一切都是內部體系來培養，事實證明問題也很多。第一，內部的動力和潛力沒有釋放出來；第二，在國際上沒有競爭力，實際上全世界最好的資源，都不在自己的公司。

「現在的海爾完全是另外一個海爾，是一個開放的平臺型企業，海爾的開放是一個徹底的開放，我們相信沒有企業像我們一樣，把整個大企業的組織徹底打散轉型，孵化出兩千多個小微企業，讓員工成為自己的CEO、成為一個創業者。我們這種變革的決心是堅定的，會始終堅持朝開放平臺的方向去做。

「我們希望兩、三年後，能看到變革的成果。一方面，把這個平臺或生態搭建起來；另一方面，我們希望創業平臺上，能孵化出來千萬個小微企業，而且他們是成功的。」

顛覆式創新通常不太容易發生在企業內部，沒有人可以掐死自己。這也有幾種具體的操作方法。

## 顛覆創新：企業也要「養兒防老」

第一個方法，如果在企業內部產生顛覆式的想法，可以由**企業比較熟悉的內部人員**，**成立一個新公司**來當CEO做這件事，然後從外部找一些有新想法的人組成核心團隊，或反過來由外部的人來做CEO，來自於母公司的人當副手，畢竟他對母公司較熟悉。

新公司負責人，要直接向母公司CEO或董事長匯報，因為新公司跟母公司之間可能會有衝突關係。總體來說，母公司成立一家新公司，是一個比較穩定的做法。

第二個方法，如果從內部很難找到顛覆式創新，而大家預計這個領域，有可能會出現顛覆者，可以**成立一個「搜尋委員會」**，專門在市場上尋找那些標的企業，經歷過創業初期，已經證明有基本的執行能力、管理能力、產品能力，得到市場的初步認可，可以透過併購或合資，讓這個企業成為對母體而言，重要的顛覆性輔助機構。這個機構不能隨便融入到母體裡，它有可能會因為與母體的衝突，而被母體「殺死」。

如果把成立新公司的方法比喻成生兒子，併購或投資就好比是領養兒子。用併購或投資的方式獲得一種新的基因，是非常有效的方法。

例如騰訊、阿里巴巴近幾年大規模對外投資。在自己不具備相應能力，但方向正確的領域，透過購買業內最優秀的前幾名的方法，獲得入場門票。

第三個方法，是**尋找可能會顛覆該行業的其他領域的巨頭企業**，例如互聯網可能會顛覆本行業，那就去尋求一個互聯網企業，**合資成立一個子公司**，共同生下一個兒子，這個子公司獲得雙方的基因，由它來領導變革。

我把這種方式，叫做「養兒防老」。每個企業真正進入最顛峰的時期，也就是轉型開始時，轉型就是「養兒防老」，而不是幻想自己「長生不老」。

人類已經可以接受一個事實，就是「人是無法永生的」。但很多企業家還不能接受，他們認為自己創立的企業可以永生。就像很多開國皇帝認為，自家的王朝能延續千秋萬代一樣。但終究沒有一個王朝，也終究沒有一家企業，是可以真正永生的。

我以前在微軟時研究過一些談企業如何持續經營的書，例如《從 A 到 $A^+$》（*Good to Great*）和《基業長青》（*Built to Last*），但這些書中有不少用來證明企業可以長青的案例企業，現今已經衰敗或消失。現在我自己出來創業，或者我的一些企業家朋友要轉型，我們必須繼續思考：到底什麼東西是長青的？

先來看看人類如何繁衍自己。人其實可以「永生」，但這「永生」的並不是自己的肉體，而是他的「基因」。基因是透過繁衍傳承到下一代，然後再繁衍傳承到下一代，以此延續。人類正在生長的肉體會不斷進步，但人的肉身的所有進步，我們都稱之為「延續性創新」。真正的顛覆式創新，通常都是透過生兒育女，從自己的下一代開始。

企業長青的問題，也要在基因層面尋求答案。

現在不少人評判一家公司，例如評判柯達（Kodak）、微軟，會說這些公司轉型不成功，是因為它們的基因不對。那麼，企業基因具體包含哪些因素？我認為**企業基因至少包含價值觀、流程和資源**這三個要素。這個理論源自商業思想家克雷頓．克里斯汀生（Clayton M. Christensen）。

企業轉型維艱，首先是因為基因裡的價值觀很難改。這跟人的心理規律密切相關。英國科幻作家道格拉斯．亞當斯（Douglas Adams），提出了充滿幽默感的科技三定律：

- 任何在我出生時已經有的科技，都是稀鬆平常的世界，其本來秩序的一部分。
- 任何在我十五至三十五歲之間誕生的科技，都是將會改變世界的革命性產物。
- 任何在我三十五歲後誕生的科技，都是違反自然規律，要遭天譴的。

這是道格拉斯對人性弱點的精彩諷刺。理所當然，一個人出生前的世界是由先人建構。出生後他不斷尋求自己的成功，走向自己的成熟，他把自己的事業優勢建立在新科技、新模式、新能力之上，好比工業革命時期的蒸汽機或後來的電力，他發現新科技太有價值了，他親眼見證新科技改變世界，甚至他是和新科技一起改變世界的人。

可是一旦到了三十五歲後，他的價值觀已經形成，並在取得一定的成就後，心態也會發生改變，他希望自己的成功基礎不會變化。此時，更新的科技、更新的模式、更新的能力出現後，會對他構成挑戰，甚至把他成功的基石都毀了。

那麼誰才能真正接受新的科技、新的事物？那些十五歲到三十五歲的人，這些人通常是已形成價值觀的人的下一代。所以，透過生兒育女的方式，來適應時代的不斷變遷，這是人類發展的一個迭代方式。

企業也會出現成熟後走向不改變的情況，跟人類是一樣的，因為企業的核心就是人。我在從事轉型諮詢和培訓的兩年裡接觸很多行業，我認為銀行是最難接受互聯網的。為什麼？

我見過很多銀行界人士評價互聯網：「什麼互聯網金融，你們只不過是在國家還沒有監管到的前提之下，做了一些非法的勾當而已，你們懂什麼風險管理、信用管理？」然後，互聯網業界的人怎麼評價傳統金融？他們說：「你們這些銀行，效率極低。你們那叫什麼風險管理？你們只不過讓人拿價值兩百萬元的房子來抵押，然後借給人家一百萬元，這有什麼風險可言？你們敢不依靠任何抵押，把錢借給別人試試看？這才是風險管理。」

這兩邊的人價值觀截然不同，導致傳統金融企業的轉型不能遇到困難。一旦遇到困難，就會有一群人在後面說：「你看，當時我說過了吧，你們這些人太冒險，所以最終出了問題。還是要回到我們正確的道路上，這些所謂的創新，都是泡沫。」

而會有另外一群人說：「這些挑戰，是在轉型過程中的必經之路，你踏不過去就會死掉，但如果你連步伐都踏不出去，會死得更慘。」雙方的價值觀就產生了嚴重衝突。

所以一個機構幾乎不可能靠洗腦的方式，改變三十五歲以上的人（成熟階段的人）的整個價值觀。就像上面所說，人到三十五歲後，就很難接受新科技了。很多上了年紀的成功人士習慣用以前的手機，他會說這些智慧型手機讓年輕人用就可以了。因為他的習慣，讓他的整個世界，已經固定在框架裡。

企業基因的第二部分是流程。公司一旦新成立一個部門轉型，新部門往往會受到流程上的挑戰。

例如母公司的財務部門，就會問這個新部門明年的預算是多少。新部門的負責人就會說，我也不知道明年會花多少錢，我能不能花多少是多少？財務部門就會把他掐死。每個部門、每個子公司都有自己的預算，沒預估明年花多少錢，怎麼知道留多少錢？

大家想一想，一家公司創業時，有預算體系嗎？創業時是沒有預算體系的，公司不知道創業要花多少錢，因為公司不斷嘗試各種可能性，每天面對無窮的變化，根本就不知道一整年會怎麼發展。預算體系是在成熟階段才形成的，就像一個人到成熟期後，才慢慢形成有規律的生活，而在早期，都在嘗試著各種可能性，人也不知道未來該從事什麼職業。

所以企業流程，尤其是財務、法務、人力資源、資訊科技等體系，恰恰是限制了新的機構。從人的角度看，父母老是教孩子一些有框架的東西，但孩子總是很叛逆，總覺得有些東西並不符合這個時代。這就是流程方面的挑戰。

企業基因的第三部分叫資源。企業能做好某件事，但不一定能做好另一件事。以人力資源為例，某人擅長做好某一類的事，所以當了公司副總裁，但公司轉型，需要有能力可以做好另一類事，這個人就受到挑戰。例如銀行櫃員有快速數鈔票的能力，但有點鈔機後，這個能力就不重要了。

轉型過程中，能力需求發生了變化，導致人力資源的需求也發生了變化。這時，那個副總裁也許一開始歡欣鼓舞，但總有一天他會意識到，原來這個機構轉型成功，代價是消滅他。

總之，一個機構會發現價值觀、流程、資源發生變化時，機構真正面臨著所謂基因的變化。因此真正面臨戰略轉型時，在已經形成既定規律、行事方式的成熟母體裡面轉型，在價值觀、流程、資源上，都會有極大的束縛，成功的可能性會比較小。因此，我並不建議每家機構都在母體裡，進行全員洗腦式的轉型。

那該怎麼辦？應該像人一樣，生兒育女，然後允許小孩子經過「忘記、借用、學習」三個階段轉型。

所謂「忘記」，是指這個孩子不帶任何記憶出生，一片空白，所以這時，他就不受你的經驗、記憶、框架約束。然後他要「借用」，你要教他一些東西，他要在你的資源幫助之下不斷成長。第三個階段是「學習」，慢慢的他會與外界接觸、學習吸收，形成一些自己的價值觀，他甚至跟你衝突，你會覺得很鬱悶，他為什麼不聽你的。

但當你發現他用不一樣的方法卻成功了，甚至比你更成功時，你會覺得非常高興，他已經變成一個獨立的、符合新時代要求的人，他長大了。這就是「忘記、借用、學習」的過程。

**企業應該透過生兒育女的方式，也就是透過成立新機構的方式轉型**。新公司向母體借用資源，母體同時也向新公司學習，並等新公司長大後再來幫助自己，透過這樣的方式來達成轉型，最終「養兒防老」。

還有一點要強調：轉型要趁早開始。一個人通常是在他最年富力強的時候，生下他的下一代，然後在他還非常強壯的時代，來幫助他的下一代成長。若等到一個企業已經進入黃昏時，再去生個兒子，就已經完全來不及了。

很多企業轉型的時候，其實已經遇到了極大挑戰，明顯在走下坡路了，然後再以臨時抱佛腳的心態，想著透過轉型來救命。這個時候有可能已經來不及了。轉型的方法不是速效救心丸，生個兒子也不是一天之內就能長大的，他需要一個慢慢撫養的過程。因此企業要在最年富力強的時候擁有這樣的遠見，做出前瞻性的判斷，生個兒子轉型，然後在自己最強壯的時代幫助他成長，使他慢慢獲得成功。

例如谷歌，在搜索引擎方面獲得成功後，不斷嘗試眼鏡、汽車、機器人等新的領域。當谷歌遭遇挑戰甚至失敗時，還有不少人嘲笑谷歌。但等到大家都老去時，谷歌膝下卻子孫滿堂。

再例如騰訊，微信和QQ終有一戰。微信推出電腦版，意味著騰訊最高層，已經默認了弟弟到哥哥家裡打劫。雖然這不意味著QQ會死，但這意味著騰訊對QQ最核心的戰略地位的放棄，讓兄弟用「勇者勝」的邏輯戰鬥。我相信QQ也必然會奮起作戰，但這對QQ是個不小的挑戰。

這樣的**戰略性放棄，聽上去很殘酷，但確實是「顛覆式創新」的必然選擇**。這種戰略性放棄，也同樣發生在很多著名的公司身上，例如微軟。

微軟的Windows和Office一直是最好的兄弟，Windows是家中長子，對弟弟如父如母，擁有最高的戰略地位。當時代向移動互聯邁進，Windows面對iOS和Android的跨界挑戰時，微軟決定用弟弟保護哥哥：Office只出Windows Phone版本，不出iOS版本和Android版本。

用弟弟戰略性的牽制敵人，來保護哥哥。可惜哥哥不爭氣，Windows Phone一直止步不前。微軟新的CEO上臺後，隨即宣布，微軟將發布Office for iPad。這意味著弟弟開始和敵人合作，這是微軟對Windows戰略性地位的放棄。

當然這不意味著Windows從此消失。反而，這可能極大刺激Windows的鬥志，讓其意識到所面臨的真正處境。也許弟弟能開創一番事業的同時，哥哥也能重新輝煌。但**微軟放棄了一切產品服從於Windows的決定**，反而讓微軟的股價在二〇一四年，漲到十四年來的最高點。

放棄曾經成功的戰略，是一種「多麼痛的領悟」，這相當於向所有人承認，我曾最引以為豪的東西，今天確實已經是包袱。這需要極大的勇氣和智慧。

顛覆式創新有個比較重要的機制——「合夥人制」，以共創、共享、共擔，取代簡單的僱傭關係，例如萬科就在積極探索事業合夥人制度。我想要介紹的「合夥人制」，是芬尼克茲的「裂變式創業」模式。

## 芬尼克茲的「裂變式創業」

我曾專門飛去廣州南沙，和芬尼克茲的創辦人宗毅，聊了近三個小時。關於裂變式創業，我個人認為本質上是：一、從人的角度，如何把轉型變為創業；二、從資本的角度，如何平衡公司的控制權和創業團隊的收益權。

宗毅認為，在母公司牽頭成立的新企業中，總經理必須是創業者，該怎麼做？他自己必須掏錢，占新公司一〇%的股份。例如一千萬元公司的一〇%，就是一百萬元。

如果員工掏出一百萬元，公司就敢投資更多的錢。宗毅說：「我不相信乾股（按：在公司的創設或存續過程中，公司的設立人或股東依照協議，無償贈予非股東第三人的股份），乾股是共享利益，但不共擔風險。加上總經理，整個創業團隊加一起持二五%股份。公司配五〇%，還剩二五%，讓原公司高階主管和員工投資。早期，高階主管必須投資，綁定新公司的利益和原公司裡面的人。創始團隊雖然只有二五％的股份，但享有四〇％的分紅權。這是一套完善的激勵機制。」

有了好的激勵機制，還要有好的創業團隊。那怎麼才能選出正確的人？宗毅讓他的團隊去參加創業大賽，這又是一套精妙的選人機制。**在決賽階段不是輕鬆投票，而是讓公司的管理層投資**選出創業團隊。投資制度解決了拉票的問題。

當每個人拿自己的錢去選人時，一定是最認真理性的。最終選出來的團隊是大部分人認為能賺到錢的，意見會比較統一。

這種投資機制，讓提拔優秀的年輕人變得更容易。企業轉型往往會遇到一個很麻煩的問題，就是企業倫理難以打破。部屬很難變成主管的老闆，晚進公司的員工很難超越老員工的級別，一旦超越就會有企業倫理方面的壓力。總經理可能遭到老員工的質疑，憑什麼輪到這個新人升職。

但如果這個年輕人，願意拿出自己的錢來賭，企業倫理自然會被打破。一個經理級的人願意拿出一百萬元，如果總監說這個事應該讓我來做，那也可以，只要拿一百萬元出來參與競選。

另外，這樣的方式最大的好處，是自我報名出來的團隊會自動自發。我去採訪時，發現一個總經理，把自己原來七十萬元的年薪，主動在新公司降到五萬元。這件事說明這個總經理對未來有巨大的信心。這樣的團隊加上這樣的戰略，也許能獲得更大的成功機會。

所以轉型研究戰略，也要同時研究組織。一切轉型的問題，到最後都會觸動到現有組織的既得利益，一切的問題，最終都是組織問題。

互聯網時代的底層「連接」邏輯，大幅縮短了人與人之間的距離，「組織」人的方式也相應發生極大的變化。如何快速理解這種變化，激發每一個人的「全腦」，必將成為支撐「產品、行銷、通路」，獲得充分位能和動能的基礎。

## 本章思考題

1 如果你是老闆，請思考公司的激勵機制，是否足以調動全體員工的創業、創新積極性，發揮出「全腦紅利」。

2 請思考如何在自己所處的組織，建立一套長期的創新競賽機制。

3 請找國外的一些平臺型創新案例，思考其與海爾和韓都衣舍的異同。

4 芬尼克茲的「裂變式創業」模式，已經引起很多企業的興趣，請思考這個模式是否可能在你所處的公司實踐。

# 結語 傳統企業轉型，需要「頂層設計」

有一次心血來潮，我翻出在微軟奉為「聖經」的時代巨著《基業長青》，卻赫然發現，那些作為基業長青的代表企業中，不少已衰敗，例如摩托羅拉慘遭賣身；寶僑砍掉一半品牌；惠普（Hewlett-Packard）處境窘迫；索尼（Sony）瀕臨破產；IBM業績十三個季度連跌。

我不勝唏噓：這世界變化越來越快，這世界上從來都沒有什麼永續經營，所謂永續經營，就是在每一個重大的企業轉型期，都能成功轉型。

近年來，我在微信上記錄了，觀察和接觸到諸多轉型成敗的案例。我的舅舅是某著名鞋牌的江蘇總代理，也有三十多家自營店，但二〇一五年關了一半，他問我怎麼辦。

我說中國商品平均定倍率四倍，鞋類八至十倍，在互聯網效率衝擊下，轉型成功的密碼是：如何能降到三倍，還賺更多錢？我們聊了很多方法。這些方法對近六十歲的舅舅來說不易理解，更不易做到。

在某一次活動中，我和餐廳「海上阿叔」創辦人顧成一桌。他說他經營「海上阿叔」

十五年，但越來越不好做。他的好友經營餐廳「天天漁港」，多年賺的錢在這幾年幾乎賠光，然後全關掉不做。我問怎麼救？他說沒得救。

二〇一三年的年度經濟人物雷軍，和格力電器集團董事長董明珠，在二〇一五年都遭遇瓶頸。小米銷售成長放緩（因為激烈的競爭），格力銷售甚至下滑（因為中國經濟疲軟）。誰會贏已經不重要了，因為兩個人從來都不是真的競爭對手，他們的對手其實都是環境、趨勢、客戶的選擇。

二〇一六年初，我受邀回到奉獻了青春的微軟，和不少認識但更多已不認識的同仁，分享我對快速變化世界的理解，以及我站外面如何看微軟。微軟需要警惕的，不是另一個作業系統，而是不需要電腦的時代。

很多人都說二〇一六年是最困難的一年。觀察和接觸了這麼多企業，我的感觸是，對於所有僅靠勇氣，而不去理解時代規律的企業，每一年都將是最困難的一年。

阿里巴巴的聚划算事業部總監劉博說，馬雲對阿里巴巴成功最大的貢獻是遠見，能夠站在未來看今天。但即便是阿里巴巴，也只有五%的產品、服務活到今天，其他都被取代了。有了智慧的遠見，再加上勇敢的嘗試，是今天成功的基本條件。

馬雲的伯樂，是被《彭博商業周刊》（*Bloomberg Businessweek*）稱為「電子時代大帝」的孫正義，在轉型時代，再次展現他的智慧和勇氣。

在二〇一四年度軟銀世界大會上，孫正義語驚四座：「（二〇五〇年）日本的經濟競爭力將能夠成為全球第一，日本將不再是『日沉之國』，而將復活為『日出之國』。」

孫正義從勞動人口與成本兩方面，分析了日本製造業競爭力下降的原因：中、美、印的製造業勞動人口數量，分別多達七千萬人、一千萬人、一千萬人，日本則只有七百萬人；同時，與中、印平均月薪分別只有七萬日圓、三萬日圓相比，日本的平均月薪為二十五萬日圓。

孫正義針對日本問題，提出了他的「頂層設計」方案：聯合富士康等廠商，大力發展機器人。在提高勞動力方面，日本若能導入三千萬臺，可二十四小時工作（能力是正常人的三倍）的產業機器人，就相當於增加了九千萬勞動力；在降低勞動力成本方面，每臺機器人的「平均月薪」（所需成本）僅為一萬七千日圓。

孫正義認為，改變世界的歷史事件，是由一些人在正確的時間利用先進技術觸發，他強調：「大家可能會笑，但我們需要認真對待看似夢幻的方案，即便只有〇．〇一％的人相信，也將有可能成功。」

未來已經到來，只是尚未流行。孫正義的信心來自於對「趨勢」的堅信，而收益來自於趨勢如果真的到來，隨之而來的是，更早有準備的人收到的巨額紅利。充分利用好這一紅利，就足以拯救一個國家，更不必說一個企業了。

一直以來，我很強調轉型需要系統思考，產品創新還只是企業經營的一個方面。因此，我基於「企業成功能量圖」中的四大元素——組織、產品、行銷、通路，幫大家完整提出四大「趨勢紅利」。孫正義研究的，可能已經是未來三十至五十年的趨勢，那是個大賭大輸大贏的遊戲。而我希望藉由本書，能幫助更多人，使用和享受未來三至五年的「趨勢紅利」。

企業可參考本書案例，集合自身情況，進行系統思考，完善自身轉型的「頂層設計」方案，「頂層設計」在工程學中的本義，是統籌考慮各層次和各要素，追根溯源、統攬全局，在最高層次上尋求問題的解決之道。

本書探索「頂層設計」，同樣是因為企業改革要從產品、行銷或通路的單兵突進，升級為「組織、產品、行銷、通路」四位一體的進化升級，如此才能應對日益激烈的市場競爭。

有了「頂層設計」方案，企業就該進入艱苦的戰略落實階段。落實戰略需要苦練基本功。我在二〇一五年攀登吉力馬札羅山歸來後，深深意識到，最終要動用毅力爬山，都是因為基礎體能不夠。

我穿著專業的裝備，空著手爬山還爬哭了，但背夫腳穿舊鞋、頭頂行李，談笑間就登頂了。這就是差距。創業和轉型也一樣，會做得那麼辛苦可能是因為基礎能力不夠。

落實戰略需要快速執行力，還要敢於犯錯。吳曉波說，自己企業的轉型，投資失敗兩千萬元，再失敗五百萬元，又失敗一百五十萬元，跌跌撞撞到今天。轉型要想，更要做、敢於犯錯。那失敗怎麼辦？人終有一死，死了都沒試，對得起自己嗎？坐下來要想清楚，站起來去做明白。

最後，我想祝所有在這個時代勤於行動、更勤於思考的企業家，都能成功進化，成為商業新生代的「達爾文雀」。

國家圖書館出版品預行編目（CIP）資料

搶賺趨勢的紅利：趨勢不是未來，而是「有人已身處其中，你還覺得匪夷所思」。掌握四種趨勢紅利，對手還沒領悟你已搶先／劉潤著.
-- 初版. -- 臺北市：任性，2018.07
240 面；17×23 公分 . --（issue；002）
ISBN 978-986-96500-2-1（平裝）

1. 網路經濟學　2.企業管理

550.16　　107007652

issue 002

# 搶賺趨勢的紅利

趨勢不是未來，而是「有人已身處其中，你還覺得匪夷所思」。
掌握四種趨勢紅利，對手還沒領悟你已搶先

---


作　　者／劉潤
責任編輯／馬祥芬
校對編輯／林杰蓉
美術編輯／張皓婷
副總編輯／顏惠君
總 編 輯／吳依瑋
發 行 人／徐仲秋
會　　計／林妙燕
版權主任／林螢瑄
版權經理／郝麗珍
行銷企畫／汪家緯
業務助理／馬絮盈、林芝縈、王德渝
業務經理／林裕安
總 經 理／陳絜吾

出 版 者／任性出版有限公司
營運統籌／大是文化有限公司
臺北市 100 衡陽路 7 號 8 樓
編輯部電話：（02）23757911
購書相關諮詢請洽：（02）23757911 分機122
24小時讀者服務傳真：（02）23756999
讀者服務E-mail：haom@ms28.hinet.net
郵政劃撥帳號／19983366　　戶名／大是文化有限公司

香港發行／里人文化事業有限公司 "Anyone Cultural Enterprise Ltd"
地址：香港新界荃灣橫龍街 78 號 正好工業大廈 22 樓 A 室
22/F Block A, Jing Ho Industrial Building, 78 Wang Lung Street,
Tsuen Wan, N.T., H. K.
電話：（852）24192288
傳真：（852）24191887
E-mail：anyone@Biznetvigator.com

封面設計／林雯瑛
內頁排版／吳思融
印　　刷／緯峰印刷股份有限公司

出版日期／2018 年 7 月初版
Printed in Taiwan
定　　價／340元（缺頁或裝訂錯誤的書，請寄回更換）
ISBN　978-986-96500-2-1




原著：《趨勢紅利》劉潤 著
通過北京同舟人和文化發展有限公司代理
授權出版發行中文繁體字版